少年读儒家经典

少年读大学、中庸

姜忠喆　主编

民主与建设出版社
·北京·

图书在版编目（CIP）数据

少年读大学、中庸 / 姜忠喆主编 . -- 北京：民主
与建设出版社，2020.7
（少年读儒家经典；2）
ISBN 978-7-5139-3075-8

Ⅰ . ①少… Ⅱ . ①姜… Ⅲ . ①儒家②《大学》－少年
读物③《中庸》－少年读物 Ⅳ . ① B222.1–49

中国版本图书馆 CIP 数据核字（2020）第 101695 号

少年读大学、中庸
SHAONIAN DU DAXUE ZHONGYONG

主　　编	姜忠喆
责任编辑	刘树民
总 策 划	李建华
封面设计	黄　辉
出版发行	民主与建设出版社有限责任公司
电　　话	（010）59417747　59419778
社　　址	北京市海淀区西三环中路 10 号望海楼 E 座 7 层
邮　　编	100142
印　　刷	三河市燕春印务有限公司
版　　次	2020 年 8 月第 1 版
印　　次	2020 年 8 月第 1 次印刷
开　　本	850mm × 1168mm　1/32
印　　张	5 印张
字　　数	92 千字
书　　号	ISBN 978-7-5139-3075-8
定　　价	198.00 元（全六册）

注：如有印、装质量问题，请与出版社联系。

　　《大学》是中国古代典籍名篇之一，原是《礼记》中的一篇，在唐代以前并没引起人们的特别关注。至唐代，韩愈等引用《大学》，开始为人所注目。到宋代，理学创始人程颢、程颐非常重视《大学》，称之为："孔氏之遗书，而初学入德之门也。"南宋理学集大成者朱熹说："天运循环，无往不复。宋德隆盛，治教休明。于是河南程氏两夫子出，而有以接乎孟氏之传。实始尊信此篇而表章之，既又为之次其简编，发其归趣，然后古者大学教人之法、圣经贤传之指，粲然复明于世。"后来朱熹又在二程基础上，重新别为次序，分经一章，传十章，并认为格物致知章已缺失，作了著名的《补传》。朱熹对大学的解释，是一种重新阐释，换言之，是从理学角度的新解。充分体现了心性之学，使《大学》升华为哲学。从此理学不仅接续道统之传，还有了自己的规模和节次。但不是人人都固守朱注，反对朱注者也不乏其人。如明代王阳明就不赞成朱熹改正《大学》，而是持守古本，不是像朱熹那样突出格物穷理，而是注重诚意。王学在明代中后期成为学术界主导思潮，王门弟子遍布大江南北。但朱学也不乏传人，科举仍以《四书章句集注》为圭臬，因此，王学仍为民间之学。

　　清代考证学兴起，许多人摆脱理学，崇尚汉学，对《四书》有许多新解，更倾向古籍本义，但《大学》，特别是《中庸》，朱注还无法被取代。

到近代，孙中山先生表彰《大学》。他赞赏《大学》中的格物、致知、诚意、正心，修身、齐家、治国、平天下的修养目标和修养方法，认为这些都是"应该要保存"的中国的"独有宝贝"。以《大学》为规模和节次的中华文明的影响，由此可见一斑。

《中庸》是儒家重要经典，它同《易经》一样，都是儒家的理论渊薮。不过《易经》比《中庸》影响大，涵盖面广，而《中庸》是宋以后儒者研读的重点。儒学，特别是理学，许多概念、命题出自《中庸》，许多理学大家持守《中庸》的信条，许多儒者用《中庸》的方法论思考，从而可以看出，《中庸》对中华文明的形成有着深远的影响。

《中庸》在儒家典籍中，是高层次的理论色彩浓厚的著作。读通、读懂很不容易。朱熹认为读《四书》应最后读《中庸》，突出它的高深性。为了增加它的可读性，本书采取解读、注释、翻译形式。三种形式各自成篇，又彼此照应。此次诠释《中庸》，以《四书集注》中的《中庸章句》为底本，文字、章节——依从《章句》。注释博采众长，不固守宋儒。译文与正文和注解相对应。解读突出概念命题及章节的内在联系，有时采用朱说，有时觉得朱说过于勉强者，则另辟蹊径，有的地方仅为笔者一得之见。不当之处，在所难免，敬请同道和读者指正。

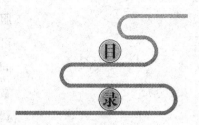

大 学

第一章

大学之道①，在明明德②，在亲民③，在止于至善。知止④而后有定，定而后能静，静而后能安，安而后能虑，虑而后能得⑤。物有本末，事有终始。知所先后，则近道矣。

古之欲明明德于天下者，先治其国；欲治其国者，先齐其家⑥；欲齐其家者，先修其身⑦；欲修其身者，先正其心；欲正其心者，先诚其意；欲诚其意者，先致其知⑧；致知在格物⑨。

物格而后知至，知至而后意诚，意诚而后心正，心正而后身修，身修而后家齐，家齐而后国

1

治，国治而后天下平。白天子以至于庶人⑩，壹是皆以修身为本⑪。其本乱而末⑫治者否矣。其所厚者薄，而其所薄者厚⑬，未之有也⑭！

注解

①大学之道："大学"这个词在古代的时候共有两种含义：第一，用来表示某人知识渊博，有"博学"的含义；第二，"大学"在古时是相对小学而言的，即为"大人之学"。先人从八岁就开始上小学，学习基本的文化知识和礼仪，包含"洒扫应对进退，礼乐射御书数"等内容；到十五岁时候就进入大学，接触学习伦理、政治、哲学等内容，大部分是一些"穷理正心，修己治人"的知识。因此，"大学"的二种解释之间也有词义相近的地方，两者都是表达"博学"的含义。而这里的"道"，原来是指道路，时而也可以引申为规律、原则等，而且在中国古代哲学、政治学的研究中，也能表示宇宙万物的本原、个体，一定的政治观或思想体系等，因而，在不一样的文章中，解读"道"含义的时候可以联系上下文的具体内容，释读成更加贴切的意义。

②明明德：第一个"明"是动词，有使动意味，应当解释为"使彰明"，实际就是发扬、弘扬的含义。第二个个"明"则是形容词，明德的准确含义应该是光明正大的品德。

③亲民：本词我们不能单纯从字面意思去理解，而是要结合后面的"传"文进行剖析。"亲"可解释为"新"，即为革新、弃旧图新的意思。亲民，应当解释为新民，让人弃旧图新、去恶扬善。

④知止：清楚目标所在。

⑤得：获得。

⑥齐其家：处理好自己的家庭或家族，让家庭或家族蒸蒸日上，和和美美，兴旺发达。

⑦修其身：修养自己的品性。

⑧致其知：让自己学到更多的知识。

⑨格物：接触、学习世间的万事万物。

⑩庶人：普通百姓。

⑪壹是：全是。本：原本。

⑫末：对本而言，指枝节、枝末。

⑬厚者薄：应当重视的不重视。薄者厚：不应当重视的却更加重视。

⑭未之有也：也就是未有之也。应当译为没有这样的事情（道理、做法等等）。

译文

大学的主旨在于宏扬正大光明的品德，在于让人们习新弃旧，让人能够达到更完善的境界。我们应当了解自己想要达到的境地，唯有如此才可以让自己志向坚定；叫自己镇静不焦躁。心安理得，思虑周详，最后可以有所收获。所有事物都有本原有枝节，任何事情都有开始有结束。我们唯有弄明白事情的本末始终，才可以更加接近事物发展的规律。古代任何想在天下弘扬光明正大品德的人，唯有先学会治理好自己的国家：可是如果要想学会管理自己的国家，首先要管理好自己的家族和家庭；如果想管理好自己的家庭和家族，首先要做的唯有修养自己的品性；要想修养自己的品性，应当先端正好自身的心思；要想端正自身的心思，应当学会让自己意念真诚；想让自己意念真诚，应当先使自己学会获得知识；而要自己获得知识的更重要途径就是学会认知，研究万事万物。

所以，换言之，我们唯有准确地认识了万事万物，将其了解通晓后才能获得更多的知识；也唯有获得知识后才能叫自己的意念更加真诚；意念真诚之后心思才能端正；心思端正了才可以让自己更好地修养品性；只有品性修养好了才可以更好地管理自己的家庭和家族；学会管理家庭和家族的办法后才能用来治理自己的国家；只有通晓了治理好国家的方法，才可以让国人过上太平富足的生活。

上至国家领导，下到普通百姓，任何人都应当将修养品性作为学习的根本。假如这个本原被打乱了，那么不管是家庭、家族还是国家、天下，又怎么能治理得更好。同理，假设一个人做事分不清轻重缓急，本末倒置，怎么能将事情做得更好！

第二章

原 文

《康诰》^①曰："克^②明德。"《大甲》^③曰："顾諟天之明命^④。"

《帝典》⑤曰："克明峻德。"⑥皆⑦自明也。

注 解

①《康诰》：此文是《尚书·周书》中的一篇重要文章。《尚书》是一部负责记录古代历史文献，把古代事迹的文章进行汇编整理，因而成为了"五经"之一，被称作"书经"。全书总共分为四部分，它们是《虞书》《夏书》《商书》《周书》。

②克：可以。

③《大甲》：《太甲》，是收录于《尚书.商书》中的一篇文章。

④顾：思念。諟：此。明命：光明的秉性。

⑤《帝典》：《尧典》，收录于《尚书·虞书》中。

⑥克明峻德：在《尧典》中的原典是"克明俊德"。俊：通"峻"，释译成崇高等。

⑦皆：全，指前文所引用的几句话。

译 文

《尚书·康诰》一书中记载："可以弘扬光明的品德。"《尚书·太甲》中也有言："念念不忘上天给予人类的光明秉性。"《尚书·尧典》中记载："可以弘扬崇高的品德。"这些典故的全部，讲的全是要自己弘扬光明正大的品德。

第三章

原　文

汤之《盘铭》①曰："苟日新②，日日新，又日新。"《康诰》曰："作新民③。"《诗》曰："周虽旧邦，其命惟新。"④是故君子无所不用其极。⑤

注　解

①汤：即商汤，商朝的开国君王。《盘铭》：把用来警诫自己的名言刻于某种器皿上。这里的盘说的是商汤用于洗漱的盆。

②苟：假设。新：本意是指洗澡除去自己身体上的泥垢，使自身焕然一新，而在文章中的引申义则是指叫自己在精神上弃旧图新。

③作：振奋，激励。新民：也就是"经"里面所言的"亲民"，实际应该是"新民"，意为使新，也就是让人弃旧图新，择善而行。

④周虽旧邦，其命惟新：此处的《诗》指《诗经·大雅·文王》。周：西周。旧邦：

指前朝。其命：指的是西周所禀受的天命。惟：助词，无实际意义。

⑤是故君子无所不用其极：因此品德高尚的人处处追求完善。是故：因此。君子：时而指的是贵族，时而也用来指那些品德高尚的人，具体含义应当联系上下文的语境解释成不同的意思。

译文

为了警诫自己，商汤将箴言刻在了自己用来洗漱的盆上，上书："假设能够一天新，就应当保持日日新，而且新了还要更进一步。"《康诰》中也有言："激励人弃旧图新。"《诗经》中也有过记述："即便周朝是一个旧国，却禀受了新的天命。"因此，品德高尚的人不管做任何事情，都会追求完善。

第四章

原文

《诗》云："邦畿千里，惟民所止。"①《诗》云："缗蛮黄鸟，止于丘隅。"②子曰："于止，知其所止，可以人而不如鸟乎！"《诗》云："穆穆文王，於缉熙敬止！"③为人君，止于仁；为人臣，止于敬；为人子，止于孝；为人父，止于慈；与国人交，止于信。

《诗》云："瞻彼淇澳，绿竹猗猗。有斐君子，如切如磋，如琢如磨。瑟兮侗兮，赫兮喧兮。有斐君子，终不可諠兮！"④如切如磋者，道⑤学也；如琢如磨者，自修也；瑟兮侗兮者，恂慄⑥也；赫兮喧兮者，威仪也；有斐君子，终不可谊兮者，道盛德至善，民之不能忘也。

《诗》云："於戏！前王不忘。"⑦君子贤其贤而亲其亲，小人乐其乐而利其利，此以没世⑧不忘也。

注 解

①邦畿千里，惟民所止：引于《诗经·商颂·玄鸟》。邦畿：都城和它周围的地方。止：到、停滞、居住、栖息等众多意思，解释本词应当联系上下文的内容，符合语境。这里指居住。

②缗蛮黄鸟，止于丘隅：引于《诗经·小雅·绵蛮》。缗蛮：即绵蛮，是一种鸟的鸣叫声。止：栖息。隅：角落。

③"穆穆"句：引于《诗经·大雅·文王》。穆穆：仪表美好端庄的形象。於：叹词，无实际意义。缉：继续。熙：光明。止：语助词，没有实际意义。

④"瞻彼"句：这几句诗引于《诗经·卫风·淇澳》。淇：指淇水，今河南北部。澳：水边。斐：文采。瑟兮侗兮：庄重而胸怀宽广的样子。赫兮喧兮：显耀盛大的样子。諠：忘却。

⑤道：言语，说话。

⑥恂慄：惊恐，戒惧。

⑦於戏！前王不忘：引于《诗经·周颂·烈文》。於戏：叹词。前王：指的是姬昌、姬发。

⑧此以：因而。没世：去世。

《诗经》有言："京城及其周围，很多是当朝老百姓最为向往的地带。"《诗经》中又言之："一直在绵蛮叫着的黄鸟，它们栖息于山冈上。"孔子也说："连黄鸟都清楚自己应该栖息在什么样的地方，我们人类难道还不如一只鸟吗？"《诗经》中记载："品德高尚的文王啊，他一辈子为人光明磊落，做事更是庄重谨慎。"如果想做个合格的国君，一定要仁爱；做臣子的，就应当恭敬；而做子女的，就应该孝顺自己的父母；做父亲的，对子女应当慈爱；和他人交往时，应当讲信用。

《诗经》里记载："看那淇水弯弯的河边，嫩绿的竹子长得枝繁叶茂。还有一位彬彬有礼的君子，专心地做学问，就如同加工骨器一般细致，不断切磋；修炼自己就如同打磨一块美玉，反复琢磨。他看起来庄重而又开朗，仪表堂堂，人才一表。如此彬彬有礼的君子，真叫人难以忘怀啊！"这里所言的"如同加工骨器一般，不断切磋"，就是指我们做学问的态度；而《诗经》里所说的"如打磨美玉，反复琢磨"，则是指自我修炼的精神；说他"庄重而开朗"，是指此人内心谨慎，无论什么事情都有所戒惧；说他"仪表堂堂"，是指此人看上去很威严；"这样一个彬彬有礼的君子，着实令人难忘啊"说的是此人品德高尚，达到了完善的境界，因而叫人难以忘怀。

《诗经》里记载："啊啊，前朝的君王真叫人难忘啊！"之所以出现这样的状况，是因为君主贵族们很多将前代贤德的君王当成榜样，尊重贤人，亲近亲族，对大众也是广施恩惠，使百姓享受安乐，获得最大的利益。因此，即便前朝君王们都已经去世，可后世的人们仍然尊敬爱戴他们。

第五章

原 文

子曰："听讼，吾犹人也，必也使无讼乎！"①无情者不得尽其辞。②大畏民志③，此谓知本。

注 解

①"听讼"句：该句引于《论语·颜渊》。听讼：听诉讼，也就是审案子的意思。犹人：和别人一样。

②"无情"句：让隐瞒真实情况的人不能够花言巧语地骗人。

③民志：民心，人心。

译 文

孔子说："听诉讼审理案件，我和别人是一样的方法，目的就在于让诉讼的案件不再发生。"让隐瞒真实情况的人不敢再胡言乱语，让人心生畏服，这才叫抓住了事情的根本。

第六章

原 文

此谓知本。①

所谓致知在格物者，言欲致吾之知，在即物而穷②其理也。盖人心之灵莫不有知，而天下之物莫不有理，惟于理有未穷③，故其知有不尽也。是以《大学》始教，必始学者即凡天下之物，莫不因其已知之理而益④穷之，以求至乎其极。至于用力之久，而一旦

豁然贯通焉，则众物之表里精粗无不到，而吾心之全体大用无不明矣。此谓物格。此谓知之至也。

注 解

①这一章的原文只有"此谓知本""此谓知之至也"这两句话。朱熹在编写时认为，"此谓知本"一句本是上一篇文章的衍

文，而在前句话后面接"此谓知之至也"一句，似乎有些突兀，如同缺少了什么。于是，朱熹便根据上下文关系，在中间重新补充了一段文字。我们这里所选的，就是朱熹后来补充的那段文字。

②即：接近，接触。穷：穷究，彻底研究。

③未穷：未穷尽，不彻底。

④益：更加。

译 文

很多人说获得知识的途径在于万事万物，换句话说，想要获得更多的知识，就必须接触想要了解的事物，并且对其进行彻底的研究。

每个人都具有一定的认识能力，而天下的万事万物也都有自身的发展规律和原理，只不过我们还没有彻底地弄清楚这些原理，所以才显得我们所得知的知识有限。因此，《大学》开篇便教育我们，要想学习更多的知识，就必须多接触天下的万事万物，用自己已经具备的知识对其进行更深层次的探究，最终彻底地弄清楚我们所研究的事物的原理。

只要我们能够长期努力，总有一天会豁然贯通。到那时，任何事物我们都可以里外巨细地弄清楚，同时也可以将自己所掌握的知识发挥到淋漓尽致，再也没有闭塞之处。这才是对万事万物做真正的认识和研究，才能称得上知识达到了顶点。

第七章

原 文

　　所谓诚其意①者：毋②自欺也。如恶恶臭③，如好好色④，此之谓自谦⑤。故君子必慎其独⑥也！

　　小人闲居⑦为不善，无所不至，见君子而后厌然⑧，掩⑨其不善，而著⑩其善。人之视己，如见其肺肝然，则何益矣。此谓诚于中⑪，形于外。故君子必慎其独也。

　　曾子曰："十目所视，十手所指，其严乎！"富润屋⑫，德润身⑬，心广体胖⑭。故君子必诚其意。

注 解

　　①诚其意：让其意念真诚。

　　②毋：不要。

　　③恶恶臭：讨厌腐臭的气味。臭：难闻的气味，和现如今臭味的含义相比，更为宽泛一些。

　　④好好色：喜爱美丽的女子。好色：美女。

　　⑤谦：通"慊"，形容心安理得的样子。

　　⑥慎其独：在独自一人时也小心谨慎，一丝不苟，不敢有丝毫懈怠。

　　⑦闲居：独处的意思。

⑧厌然：形容躲躲闪闪的样子。

⑨掩：遮掩，掩盖。

⑩著：显示。

⑪中：指内心。下面的"外"指外表。

⑫润屋：装饰自己的房屋。

⑬润身：修身养性。

⑭心广体胖：心胸宽广，身体舒泰安康。胖：大，舒坦。

让自己意念真诚，就是教育我们不能自欺欺人。要像厌恶腐臭的气味一样，或者像喜爱美丽女人那样，所有的思想都要发自内心。所以，品德高尚的人即便是独处，也要小心谨慎。

品德低下的人独处时往往无恶不作，与那些品德高尚的人碰到，便自惭形秽，躲躲闪闪，为了掩盖自己的坏行为而自吹自擂。殊不知，别人看到这样的你，就如同直接看到了你的心肺肝脏一样清清楚楚，再做过多的掩盖又有什么用呢？这就叫作内心的真实想法一定会表现到自己的外表上来。所以，那些品德高尚的人哪怕是在独处的时候，也必定小心而谨慎。

曾子曾经说："十只眼睛盯着，十只手指着，这样的状况难道不令人畏惧吗？"财富可以用来装饰自己的住所，品德却可以修养个人身心，让心胸宽广而身体舒泰安康。所以，要想成为品德高尚的人，就必须让自己意念真诚。

第八章

原　文

　　所谓修身在正其心者，身①有所忿懥（zhī）②，则不得其正；有所恐惧，则不得其正；有所好乐，则不得其正；有所忧患，则不得其正。

　　心不在焉，视而不见，听而不闻，食而不知其味。此谓修身在正其心。

注　解

　　①身：在程颐的思维中，应解释为"心"。

　　②忿懥：愤怒。

译　文

　　之所以说要修养自身的品性，最重要的事情就是先端正自己的心思，是因为内心积存着愤怒就不可能端正自己的思想；心存恐惧也不可能端正；心里受喜好的影响也不能端正；心存忧虑也不能端正。

　　心思不能端正，就如同心不是自己的一样：虽然你一直在看，却仍然看不到什么实际的东西；虽然在听，却如同听不到声音一样；虽然嘴里吃着东西，但食不知味，根本不知道是什么味道。所以说，要想修养自身的品性，首先要做的就是端正自己的心思。

第九章

所谓齐其家在修其身者，人之其所亲爱而辟①焉，之其所贱恶而辟焉，之其所畏敬而辟焉，之其所哀矜②而辟焉，之其所敖惰③而辟焉。故好而知其恶，恶而知其美者，天下鲜矣！故谚有之曰："人莫知其子之恶，莫知其苗之硕④。"此谓身不修不可以齐其家。

①之：即"于"，对于。辟：偏颇，偏向。

②哀矜：同情，怜悯。

③敖：骄傲。惰：怠慢。

④硕：大，肥壮。

我们强调要管理好自己的家庭和家族，首先要做的事情就是修养自身，因为人们对于自己喜欢的人往往有偏爱，而对于那些自己讨厌的人就会产生偏恨；对于自己敬服的人就会偏向；对于那些自己较为同情的人就会有偏心；对于自己轻视的人就会产生偏见。因此，喜爱某个人同时又知道他的缺点，厌恶某个人同时又知道他的优点，这样的人天下很少见了。因此便有谚语说："人都不知道自己孩子的坏，人都不满足自己庄稼的好。"这句话所讲述的就是不修养自身便不能管理好自己的家庭和家族的道理。

第十章

原　文

所谓治国必先齐其家者，其家不可教而能教人者，无之。故君子不出家而成教于国：孝者，所以事君也；悌①者，所以事长也；慈②者，所以使众也。

《康诰》曰："如保赤子。"③心诚求之，虽不中④不远矣。未有学养子而后嫁者也！

一家仁，一国兴仁；一家让，一国兴让；一人贪戾，一国作乱。其机⑤如此。此谓一言偾⑥事，一人定国。

尧、舜⑦帅⑧天下以仁，而民从之；桀纣⑨帅天下以暴，而民从之。其所令反其所好，而民不从。是故君子有诸⑩己而后求诸

大学

17

人，无诸己而后非诸人。所藏乎身不恕^⑪，而能喻^⑫诸人者，未之有也。故治国在齐其家。

《诗》云："桃之夭夭，其叶蓁蓁。之子于归，宜其家人。"^⑬宜其家人，而后可以教国人。《诗》云："宜兄宜弟。"^⑭宜兄宜弟，而后可以教国人。《诗》云："其仪不忒，正是四国。"^⑮其为父子兄弟足法，而后民法之也。此谓治国在齐其家。

注解

①悌：指家庭中弟弟和哥哥之间的关系。弟弟应该绝对服从哥哥。

②慈：指父母和子女的关系，父母应该关爱子女。

③如保赤子：《尚书·周书·康诰》原文应该是"若保赤子"。这是周成王对康叔的告诫，意思是作为国家的领导者应该保护平民百姓，就像母亲爱护自己的孩子一样。赤子：婴孩。

④中：达到目标。

⑤机：本意是指弩箭上的发动机关，可以引申为关键。

⑥偾：败，坏。

⑦尧、舜：传说中父系氏族社会后期部落联盟的两位领袖，即尧帝和舜帝，历来被当作圣君的代表人物。

⑧帅：同"率"，率领，统帅。

⑨桀：夏朝最后一位君主。纣：即殷纣王，是商朝最后一位君主。两个人都被认为是暴君的代表人物。

18

⑩诸："之于"的合音。

⑪恕：即恕道。孔子曾经说过："己所不欲，勿施于人。"意思就是，自己不想做的，也不要强加给别人。儒学所倡导的恕道便是这种推己及人、将心比心的品德。

⑫喻：让别人明白。

⑬"桃之夭夭"句：引于《诗经·周南·桃夭》。夭夭：鲜嫩，美丽。蓁蓁：形容植物繁茂的样子。之子：这个（之）女子（子）。于归：女子出嫁的意思。

⑭宜兄宜弟：引于《诗经·小雅·蓼萧》。

⑮"其仪不忒"句：引于《诗经·曹风·鸤鸠》。仪：仪表，仪容。忒：差错的意思。

译文

之所以说要想治理好国家就必须先学会管理自己的家庭和家族，是因为连自己家人都不能管教好而能管教好别人的人，是不存在的。所以，那些有修养的人不出家门就受到了严格的教育，学习治理国家的方法。比如，对父母的孝敬，可以用来侍奉君主；对兄长的恭敬，则可以用于侍奉官长；父母对子女的慈爱，则可以用于统治民众。

《康诰》中曾经说过："如同爱护婴儿一样。"让自己的内心真诚地去追求，即便没有达到目标，必然也不会差得太多。要知道，世界上很少有先学会养孩子再出嫁的人啊！

一个家庭都仁爱，那么国家的人民也会互相仁爱；一家礼让，那么一国的子民也能互相礼让；假如有一人贪婪暴戾，那么很多国人就会效仿，很可能犯上作乱，扰乱国家纲纪。其实，家族和国家的联系就是这样紧密，这就叫作一句话有可能坏事，一个人也有可能安定国家。

尧、舜提倡仁爱治国，那么全国百姓也跟着提倡仁爱；桀纣用凶暴的方法统治天下，那么全国的老百姓也学着统治者的样子，彼此大打出手，奸诈度日。由此可见，假如统治者发布的命令与自己的实际做法截然相反，那么国家的百姓必然不会服从。所以，品德高尚的人总是自己先做到，然后才对他人提出同样的要求；不可能自己都无法做到更好，反而要求别人做好。不采取这种推己及人的恕道，却想让他人永远按照自己的想法去做，那是不可能实现的事情。所以，要想治理好自己的国家，就必须先学会管理好自己的家庭和家族。

《诗经》中说过："桃花鲜美，树叶茂密。这个姑娘出嫁了，让全家人都和睦。"只有全家人都和睦，才能户户和睦，最终国人和睦。《诗经》中也说："兄弟和睦。"只有兄弟间和睦相处，周边的人才能学习这种和睦相处的方式，最终国人都和睦相处。《诗经》中也曾说："容貌举止庄重严肃，成为四方国家的表率。"一个人无论承担着什么样的角色，比如作为父亲、儿子还是兄长、弟弟，都能做到和睦相处，才能让大家效法，老百姓自然也会效法他。这就是治理好国家的必然条件。

第十一章

所谓平天下在治其国者，上老老①而民兴孝；上长长②而民兴弟；上恤孤③而民不倍④。是以君子有絜矩之道⑤也。

所恶于上，毋以使下；所恶于下，毋以事上；所恶于前，毋以先后；所恶于后，毋以从前；所恶于右，毋以交于左；所恶于左，毋以交于右。此之谓絜矩之道。

《诗》云："乐只君子，民之父母。"⑥民之所好好之；民之所恶恶之。此之谓民之父母。《诗》云："节彼南山，维石岩岩。赫赫师尹，民具尔瞻。"⑦有国者不可以不慎。辟则为天下僇⑧矣。《诗》云："殷之未丧师，克配上帝。仪监于殷，峻命不易。"⑨道得众则得国，失众则失国。

是故君子先慎乎德。有德此⑩有人，有人此有土，有土此有财，有财此有用，德者，本也；财者，末也。外本内末，争民施夺⑪。是故财聚则民散，财散则民聚。是故言悖⑫而出者，亦

21

悖而入。货悖而入者，亦悖而出。

《康诰》曰："惟命不于常。"道善则得之，不善则失之矣。《楚书》曰："楚国无以为宝，惟善以为宝"[13]舅犯曰："亡人无以为宝，仁亲以为宝。"[14]

《秦誓》[15]曰："若有一个臣，断断[16]兮，无他技，其心休休[17]焉，其如有容[18]焉。人之有技，若己有之。人之彦圣[19]，其心好之，不啻[20]若自其口出，实能容之。以能保我子孙黎民，尚亦有利哉！人之有技，媢疾[21]以恶。人之彦圣，而违之俾[22]不通，实不能容。以不能保我子孙黎民、亦曰殆哉！"唯仁人放流[23]之，进诸四夷[24]，不与同中国[25]。此谓唯仁人为能爱人，能恶人。见贤而不能举，举而不能先，命[26]也。见不善而不能退，退而不能远，过也。好人之所恶，恶人之所好，是谓拂[27]人之性，灾必逮[28]夫身。是故君子有大道：必忠信以得之，骄泰[29]以失之。

生财有大道：生之者众，食之者寡，为之者疾，用之者舒，则财恒足矣。仁者以财发身[30]，不仁者以身发财。未有上好仁而下不好义者也，未有好义其事不终者也，未有府库[31]财非其财者也。孟献子[32]曰："畜马乘不察[33]于鸡豚，伐冰之家[34]不畜牛羊，百乘之家不畜聚敛之臣[35]。与其有聚敛之臣，宁有盗臣。"此谓国不以利为利，以义为利也。长国家而务财用者，必自小人矣。彼为善之，小人之使为国家，灾害并至。虽有善者，亦无如之何[36]矣！此谓国不以利为利，以义为利也。

①老老：尊敬老人。前面一个"老"字是动词。

②长长：尊重长辈。前一个"长"字也是作动词。

③恤：体恤，救济。孤：孤儿，古时候专门用于指那些幼年便丧失了父亲的人。

④倍：通"背"，背弃。

⑤絜矩之道：儒家的伦理思想，意思是我们的一言一行要具有示范作用。絜：量度。矩：画直角或方形用的尺子，可以将其引申为法度，规则。

⑥"乐只君子"句：引于《诗经．小雅．南山有台》。

⑦"节彼南山"句：引于《诗经·小雅·节南山》。节：高大的意思。岩岩：形容山势险峻的样子。师尹：太师尹氏，太师是周代的三公之一。尔：你。瞻：瞻仰，仰望。

⑧僇：通"戮"，杀戮。

⑨"殷之未丧师"句：引于《诗经·大雅·文王》。师：民众。配：符合。仪：宜。监：鉴戒。峻：险峻。不易：指不容易保有。

⑩此：乃，才。

⑪争民施夺：争民：和百姓争利。施夺：施行劫夺的举措。

⑫悖：逆，违逆。

⑬"《楚书》"句：《楚书》，楚昭王在位时编纂的史书。楚昭王派王孙圉到晋国出访。晋国的赵简子问王孙圉珍宝美玉怎么样。王孙圉不以为然地回答道：楚国从来没有将美玉当作珍宝来看待，而是把那些贤德的人，比如观射父这样的大臣看作珍宝。此话被记录在《国语·楚语》中。汉代的刘向在《新序》

中也曾说过类似的话。

⑭"舅犯"句:舅犯指的是晋文公重耳的舅舅,字子犯。亡人指的是流亡的人,指重耳。晋僖公四年十二月,晋献公因受到骊姬的蛊惑,逼迫太子申自杀身亡。重耳为避难逃亡到狄国。晋献公逝世,秦穆公派人规劝重耳回国掌权。重耳将此事告诉了子犯,子犯认为不能这么做,便用这些话来劝说重耳。事见《礼记·檀弓下》。

⑮《秦誓》:《尚书·周书》中记载的一篇。

⑯断断:真诚的样子。

⑰休休:宽宏大量。

⑱有容:胸怀宽广,能够容人。

⑲彦圣:指贤德的人能够德才兼备。彦:美。圣:明。

⑳不啻:不但。

㉑媢疾:妒嫉。

㉒违:阻抑。俾:让。

㉓放流:流放的意思。

㉔迸:即"屏",驱逐。四夷:四方之夷。夷指的是古代东方的大部分部族。

㉕中国:全国的中心地区,与现代意义的"中国"同音不同义。

㉖命:东汉的郑玄在解释时,认为该字本就同"慢",只是笔误而已。慢即轻慢的意思。

㉗拂:违背的意思。

㉘逮：及、到。

㉙骄泰：骄横放纵。

㉚发身：修身。发：发达，发起。

㉛府库：指国家的国库，收藏财物的地方。

㉜孟献子：鲁国大夫，姓仲孙名蔑。

㉝畜：养。乘：指用四匹马拉的车。畜马乘是士人走上仕途，初做大夫时的待遇。察：关注。

㉞伐冰之家：指丧祭时用冰保存遗体的人家。这是为官者，卿大夫之类的官员去世后所享受的待遇。

㉟百乘之家：拥有一百辆车的人家，指那些拥有大部分封地的诸侯王。聚敛之臣：搜刮钱财的家臣。

㊱无如之何：没有任何办法。

译 文

为什么说想要平定天下，首先要做的就是治理好国家，原因在于处于上位的人都懂得尊敬老人，老百姓看到这样的上位者，肯定会争相学习，学会孝顺自身的父母，尊重自身的兄长；假如在上位的人可以体恤救济孤儿，那么全城的老百姓也会争而效仿，长此以往，一定可以让全国民风淳朴。所以，品德高尚的人常常以身作则，推己及人，实施"絜矩之道"。

作为领导，如果你讨厌上级的某种行为，那么请记得，一定不要用同样的行为对待自己的下属；当然，假设你讨厌某个下属的作为，就不要用这种作为去面对自己的上司；假设你讨厌前面的人对你的某种行为，就千万不要用同样的行为去对待你后面的人；当然，假设你讨厌你后面某些人的行为，那么就不要用同样的行为去对待你前面的人；假设你讨厌自己右边的人的某种行为，那么千万不要用同样的行为去对待你左边的人；假设你讨厌在你左边的人的某种行为，那么就不要用同样的行为去对待你右边的人。这样的做法就是"絜矩之道"。

《诗经》中曾经记载："使人心悦诚服的国君啊，一定会被老百姓当作父母一样尊敬。"意思就是圣明的君主总是以百姓为先，老百姓喜欢的他便喜欢，老百姓讨厌的他也必然讨厌，这样的国君怎么可能不被百姓爱戴，称其为百姓的父母自然也是可以的。《诗经》中说："巍峨的南山啊，岩石耸立。显赫的尹太师啊，百姓都心生敬仰。"作为国家的统治者必须要谨慎小心。稍有偏颇，就会被天下人记恨，甚至被推翻。《诗经》中也曾写道："殷朝繁盛时期。统治者励精图治，从没有丧失民心，绝对能够和上天的要求相符合。请将殷朝的发展过程当作鉴戒吧，要知道，守住天命并不是一件容易的事。"这就是用殷朝的实际例子验证，要想成为人民爱戴的君主，就必须要得到民心，这样才能得到国家，否则，失民心者必然会失去国家。

所以，品德高尚的人大多注重修养自己的德行。因为他们知道，只有德行好，品德高尚的人才能受到众人的拥护和爱戴，只有受到他人的拥护才能保住自己的土地，有了土地才能拥有更多的财富，有财富才能供给使用。要知道，德行就是根本，钱财是枝末，假设我们将其颠倒，把根本的东西当成外在，反而将枝末当成根本来追求，那自然会出现和老百姓争夺利益的状况。所以，假设当朝的君王痴迷于聚财敛货，那么就很容易失去民心；假设君王散财于民，那么民心自然就会向着君主。这个道理就好比我们平时为人处世一样，跟他人讲道理，那么别人也会跟你讲道理；敛财也是一样，接受了来路不明的财货，总有一天，手中的财货也会不明不白地失去。

《康诰》中如此记载："天命是不会始终如一的。"也就是说，只有行善的人才能得到天命，不行善就会失去天命。《楚书》中也有记载："楚国并没有什么珍宝，只不过将行善当作宝。"舅犯也曾经说过："流亡在外的人根本没有什么宝物，只能将仁爱当作宝。"

《秦誓》中也记载着："如果朝中的某位大臣忠诚老实，虽然他不像其他大臣那样本领高超，但他本人心胸宽广，有客人的肚量，那么此人也不必担心。因为他懂得用人，别人有本领，就如同他自己拥有一样；别人德才兼备，他对其心悦诚服，而且这种钦佩不仅是口头上表示，而是从心底里对其钦佩有加。起用这样的人才，是能够保护我们的子孙和百姓的，因为他们可以为百姓造福！相反，如果某位大臣一见到别人比自己有本领，他就嫉妒、讨厌；看到别人德才兼备，他就想方设法地打压排挤，无论如何都不能容忍他人。假设君主起用这样的人，不仅起不到保护子孙和百姓的作用，而且很可能要比平常人更加危险！"因此，有仁德的君主不会将这样的人留在国中，而是将其流放，把他们驱逐到边远的地方。这说明，德行比较好的人爱憎分明。发现了人才却不提拔，提拔之后而不重用，这就是轻慢；假设发现了奸佞的人却不罢免，即使罢免了也不将其驱逐，仍然留在身边，这就是过错。

大家都讨厌的人他反而喜欢，众人喜欢的他反而讨厌，这是一种违背人类本性的行为，灾难必然降临。所以，做国君的人一定要选择正确的行事方法：忠诚信义，就能获得百姓的爱戴，便会获得一切；骄奢放纵，必然遭到百姓的讨厌，最终会失去一切。

财富的生产方式也需要正确的途径：假设生产的人多，而消费的人数很少，生产的人都很勤劳，可是消费的人异常节省，这般情况下，财富就会逐渐累积。仁爱的人明白仗义疏财，用这个方法来修养自身，可是却不明白得仁爱的人则不惜牺牲自己的生命去敛财。没有在上位的领导喜爱仁德，而处于下位的人却不喜爱忠义的；没有喜爱忠义做事却半途而废的；没有国库里的财物不是属于君主的。孟献子原来说过："假设士大夫之家养了四匹马拉车，那他绝对不需要再去养鸡养猪；假设卿大夫家祭祀用冰，那他就不需要再去养牛养羊；假设诸侯之家拥有一百辆兵车，那他也不要去收养搜刮民财的家臣。与其收养了想要搜刮民财的家臣，还不如收养几个喜欢偷盗东西的家臣。"这段话的意思就是，一个国家不应当将收敛钱财作为利益，而应当将培养仁义作为最终利益。做了国君还想着聚敛财货，这种情况的发生必然是有小人在诱导，假设国君将这些小人作为好人，把国家大事交给他们去处理，天灾人祸很可能就一齐降临了。这时虽有贤德的人相助，却也找不到挽救的办法了。所以，作为国家的君主，千万不能将收敛钱财作为最终利益，而应当把仁义作为国家的根本。

中　庸

天　命

题　解

　　本章所讲天命，是指个人的禀赋而言。人的禀赋是自然形成的，这就是含有道德内容的性。人人遵循各自的性，在日常生活中，就知道当做什么，不当做什么，这就有了常规，这就是道。从道入手，修饰品节，这就是教化。

　　从道不可片刻离开引入"慎其独"的话题，要求人们加强道德自觉，谨慎地修养自己，并特别提出了"中和"这一范畴。"中和"是儒学的重要范畴之一，历来有各种各样的理解。本章是从情的角度切入，对中和作出基本的解释。按照本章的意思，在一个人还没有表现出喜怒哀乐的情感时，心中是平静的，不偏不倚的，所以叫做"中"。喜怒哀乐总是要显露出来的，但显出来要有节制，无过不及，这就叫做"和"。人人都达到"中和"的境界，整个社会大家都心平气和，社会和自然界很和谐，天下也就太平无事了。这里讲的中和，实际就是中庸。前人说："以性情言之，则曰中和；以德行言之，则曰中庸。"大体如此。

原 文

天命之谓性①；率性之谓道②；修道之谓教③。道也者，不可须臾离也④；可离，非道也。是故君子戒慎乎其所不睹，恐惧乎其所不闻⑤。莫见乎隐，莫显乎微⑥。故君子慎其独也⑦。喜、怒、哀、乐之未发，谓之中⑧。发而皆中节，谓之和⑨。中也者，天下之大本也。和也者，天下之达道也⑩。致中和，天地位焉，万物育焉⑪。

注 解

①天命：天赋，指人的自然禀赋。也指天理，命运。性：人的本性，是人之初由先天赋予的本真的善性，也可理解为人的天性。

②率性：统率并规范人的自然本性。率：统率，规范，遵循。道：本指路，即道路。又可理解为规律、方法、道理。

③修道：修养道德，探求事物的本源，研究世界发展变化的规律。道：道德。教：政教，教化。影响感化而致达的风尚。

④须臾：片刻。

⑤不睹：看不见的地方。不闻：听不到的事请。

⑥莫：在这里是"没有什么更……"的意思。见：同"现"，显现。乎：于。

⑦独：独处或独知时。

⑧中：指不偏不倚的状态。

⑨中节：符合法度。和：和谐，不乖戾。

⑩达道：天下古今必由之路，也指普遍规律。

⑪致：达到。位：安于所处的位置。育：成长发育。

译文

人与生俱来的自然禀赋称作"天性"，遵循天性而行叫做道，按照道的原则修养叫做教。道是不可以片刻离开的，如果可以离开，那就不是道了。所以，君子在别人看不见的地方也是谨慎的，在别人听不见的地方也是有所戒惧的。越是隐秘的事情越是容易显露，越是细微的事情越是容易显现。所以，君子在一个人独处独知的时候，更要谨慎。喜怒哀乐各种感情没有表现出来的时候，叫做中；表现出来以后符合节度，叫做和。中是天下的根本，和是天下普遍遵循的规律。达到中和的境界，天地便各在其位了，万物的生长就茂盛了。

名家评点

郑玄说：天命，即上天所赋予人的自然生命。木神则仁，金神则义，火神则礼，水神则信，土神则知。按照天性而行，就是道。治而广之，人仿效之，就是"教"。郑玄说：道，就是道路，出入行走的必由之途。又说：小人闲居为不善，无所不至也。君子则不然，虽视之无人，听之无声，犹戒慎恐惧自修正，是其不须臾离道。又说：慎独者，慎其闲居之所为。小人于隐者，动作言语，自以为不见睹，不见闻，则必肆尽其情也。若有占听之者，是为显见，甚于众人之中为之。又说：中为大本者，以其含喜怒哀乐，礼之所由生，政教自此出也。

孔颖达说：天本无体，亦无言语之命，但人感自然而生，有贤愚吉凶，若天之付命遣使之然，故云"天命"。老子云："道本无名，强名之曰道。"人自然感生，有刚柔好恶，或仁、或义、或礼、或知、或信，是天性自然，故"谓之性"。感仁行仁，感义行义之属，不失其常，合于道理，使得通达。

孔颖达说：圣人修行仁、义、礼、知、信以为教化。道者，开通性命，犹如道路开通于人，人行于道路，不可须臾离也。若离道则碍难不通，犹善道须臾离弃则身有患害而生也。又说：君子行道，先虑其微。若微能先虑，则必合于道，故君子恒常戒于其所不睹之处。人虽目不睹之处犹戒慎，况其恶事睹见而肯犯乎？故君子恒常戒慎之。又说：凡在众人之中，犹知所畏，及至幽隐之处，谓人不见，便即恣情，人皆占听，察见罪状，甚于众人之中，所以恒须慎惧如此。以罪过愆失无见于幽隐之处，无显露于细微之所也。以其隐微之处，恐其罪恶彰显，故君子之人恒慎其独居。谨慎守道也。

孔颖达说：喜怒哀乐缘事而生，未发之时，澹然虚静，心无所虑而当于理，故"谓之中"。"发而皆中节谓之和"者，不能寂静而有喜怒哀乐之情，虽复动发，皆中节限，犹如盐梅相得，性行和谐，故云"谓之和"。情欲未发，是人性初本。情欲虽发而能和合，道理可通达流行，故曰"天下之达道也"。又说：孔颖达说：人君所能至极中和，便阴阳不错，则天地得其正位焉。生成得理，故万物其养育焉。

朱子说："天以阴阳五行化生万物，气以成形，而理亦赋焉，犹命令也。"又曰"于是人物之生，因各得其所赋之理，以为健顺五常德，所谓性也。""人物各循其性之自然，则其日用事物之间，莫不各有当行之路，是则所谓道也。""性道虽同，而气禀或异，故不能无过不及之差，圣人因人物之所当行者而品节之，以为法于天下，则谓之教，若礼、乐、刑、政之属是也。盖人之所以为人，道之所以为道，圣人之所以为教，原其所自，无一不本于天而备于我。"又说："道者，日用事物当行之理，皆性之德而具于心，无物不有，无时不然，所以不可须臾离也。若其可离，则为外物而非道矣。是以君子之心常存敬畏，虽不见闻，亦不敢忽，所以存天理之本然，而不使离于须臾之顷也。"

朱子说："幽暗之中，细微之事，迹虽未形而几则已动，人虽不知而己独知之，则是天下之事无有着见明显而过于此者。是以君子既常戒惧，而于此尤加谨焉。所以遏人欲于将萌，而不使其滋长于隐微之中，以至离道之远也。"又说："性情之德，以明道不可离之意。"又说:"自戒惧而约之,以至于至静之中,无少偏倚,而其守不失,则极其中而天地位矣。自谨独而精之,以至于应物之处,无少差谬,而无适不然,则极其和而万物育矣。盖天地万物本吾一体,吾之心正,则天地之心亦正矣,吾之气顺,则天地之气亦顺矣。故其效验至于如此。此学问之极功、圣人之能事,初非有待于外,而修道之教亦在其中矣。是其一体一用虽有动静之殊,然必其体立而后用有以行,则其实亦非有两事也。"

时 中

题 解

本章提出了"时中"的概念。《论语·先进》记载:"子贡问:'师与商也孰贤?'子曰:'师也过,商也不及。'曰:'然则师愈与?'子曰:'过犹不及。'"这是对"中"解释的根据之一。但"中无定体,随时而在",也就是说中是处于变动不居之中,这就需要随时处中,这就是"时中"。"时中"和"在中"是两种不同的存在形态,但都是中,只是有已发未发之别罢了。君子有此德行,而又随时处中,戒慎恐惧,所以能体现中庸。小人不知修养,任意妄行,自然会肆无忌惮,好走极端,和中庸相反。

"君子而时中","时"不仅指时间、时代，也指时机。既不要超越阶段，也不要被时代抛弃；既不能急躁冒进，也不可故步自封。超越现实是偏激，跟不上步伐是落伍。就如组织一场音乐会，指挥就是调动各方面的因素，达到"中"与"和"的境界。这个"指挥"就是"中"，是各位演奏者注目的中心。而指挥则是以演奏内容的节奏与情绪表达为"中"。而对于广大听众来说，能够享受到精美的艺术熏陶为"中"。

原文

仲尼曰："君子中庸①；小人反中庸。"君子之中庸也，君子而时中②。小人之中庸也③。小人而无忌惮也。

注解

①中庸：儒家思想中的最高道德境界。即包容与利用。就是对于一切的客观存在都予以包容并合理的使用。在具体的事件中，无论其性质如何，其中都深含着一定的必然意义，就应予接受。而在具体的运作中，应做出恰当的抉择，把握适度，就是说

在具体的时间空间条件下，做出适宜的行为。许慎《说文》："中，和也。"又曰："庸，用也"。程颐认为："庸"就是"常"。庄子在《齐物论》中说"为是不用而寓诸庸。庸也者，用也；用也者，通也；通也者，得也"。因此，中是原则，庸是实践。中庸，就是知与行的统一。朱熹注"中庸者，不偏不倚，无过不及"。

②时中：随时而处中。

③小人之中庸也：王肃本作"小人之反中庸也"，程、朱皆从之。

译文

仲尼说："君子能中庸，小人违背中庸。君子之所以能中庸，是因为君子随时做到合度适中。小人之所以违背中庸，是因为小人无所顾忌肆意妄为。"

名家评点

郑玄说：庸，常也。用中为常，道也。"反中庸"者，所行非中庸，然亦自以为中庸也。又说："君子而时中"者，其容貌君子，而又时节其中也。"小人而无忌惮"，其容貌小人，又以无畏难为常行，是其"反中庸"也。

孔颖达说：庸，常也。君子之人用中以为常。小人则不用中为常，是"反中庸"也。又说：君子之为中庸，容貌为君子，心行而时节其中，谓喜怒不过节也，故云君子而时中。小人为中庸，形貌为小人，而心行无所忌惮，小人将此以为常，亦以为中庸。

朱子说：中庸者，不偏不倚、无过不及，而平常之理，乃天命所当然，精微之极致也。唯君子为能体之，小人反是。又说：君子之所以为中庸者，以其有君子之德，而又能随时以处中也。小人之所以反中庸者，以其有小人之心，而又无所忌惮也。盖中无定体，随时而在，是乃平常之理也。君子知其在我，故能戒谨不睹、恐惧不闻，而无时不中。小人不知有此，则肆欲妄行，而无所忌惮矣。

鲜　能

题　解

"德行就是中道"，中庸就是人生至高无上的道德境界。正如古希腊哲学家亚里士多德所说："中道行为使人成功"，"美德乃是一种中庸之道"。

正因为中庸是最高的德行，所以难以把持。不偏不倚，无过无不及，在两端中寻求契合点，在动静变化中做到恰到好处，的确是件很难的事。

原　文

子曰："中庸其至矣乎①！民鲜能久矣②。"

注　解

①至：极致，顶点。

②鲜：少，不多。

译　文

孔子说："中庸大概是最高最好的德行了吧！但人们很少能够做到，这种状况已经很久了！"

名家评点

郑玄说：中庸为道至美，故人罕能久行。

孔颖达说：叹中庸之美，人寡能久行，其中庸之德至极美乎！

朱子说：过则失中，不及则未至，故唯中庸之德为至。然亦人所同得，初无难事，但世教衰，民不兴行，故鲜能之，今已久矣。

行　明

题　解

行是实践，明是认知。贤与不肖是对立的两种现象，智者做得过头，愚者做得不足，还是过与不及的问题。正因为要么太过，要么不及，所以，总是不能做得恰到好处。

贤者与不肖者也如此。其根本在于认识，就好比人们每天都在吃喝，但却很少有人真正品出滋味一样，缺乏对道的真知。人生的成就，就取决于对那个神秘的限度的把握。生命的意义，不在于我们走了多远的路，也不在于拥有什么，而在于我们感悟到什么。

原　文

子曰："道之不行也[1]，我知之矣：知者过之[2]；愚者不及也。道之不明也，我知之矣：贤者过之；不肖者不及也[3]。"人莫不饮食也。鲜能知味也[4]。

注　解

①道：指中庸之道。

②知者：指智慧超群的人。知：同"智"。过：超过限度。

③不肖者：指不贤的人。

④味：滋味。

译　文

孔子说："中庸之道不能实行的原因，我知道了：聪明的人自以为是，认识过了头；愚蠢的人智力不及，不能理解它。中庸之道不能彰显的原因，我知道了：贤能的人做得过了分，不贤的人又做不到。就像人们每天都要吃东西，但却很少有人能够真正品尝出滋味。"

名家评点

郑玄说：过与不及，使道不行，唯礼能为之中。

孔颖达说：饮食，易也；知味，难也。犹言人莫不行中庸，但鲜能久行之。言知之者易，行之者难，所谓愚者不能及中庸也。

朱子说：知愚贤不肖之过不及，则生禀之异而失其中也。知者知之过，既以道为不足行；愚者不及知，又不知所以行，此道之所以常不行也。贤者行之过，既以道为不足知；不肖者不及行，又不求所以知，此道之所以常不明也。又说：道不可离，人自不察，是以有过不及之弊。

不 行

题 解

朱熹说："由不明，故不行。"由于人们对道的内容和重要性不了解，所以不能实行之。

于是，在各种色彩的旗帜下，都有一个理由，都标榜着所谓的"正义"或"道"。

其实，天地之道是存在的，也在依照固有的必然法则运行着，导引着世界的发展。它深隐在各种现象的背后，以难以察觉的方式和自然之力影响着事物的发展方向，规定着前进的进程。

原文

子曰："道其不行矣夫①。"

注解

①其：表示推测的语气助词。夫：语尾词。表示感叹。

译文

孔子说："道大概不能实行了吧。"

名家评点

孔颖达说：夫子既伤道之不行，又哀闵伤之，云时无明君，其道不复行也。

朱子说：由不明，故不行。

大　知

《礼记正义》曰：此一经明舜能行中庸之行，先察近言而后至于中庸也。

舜所以大智，在于不自以为是，善于向别人学习，听到不好的话不去计较，听到好的言论到处传播，这样光明正大的行为自然会感动人，谁不愿把真实情况告诉他呢？但听到真实情况还不够，还必须善于分析选择。"执其两端，用其中于民。"做到不偏不倚，无过无不及，真正恰到好处。选择好了，还要善于应用，这是一种大智慧。

原　文

子曰："舜其大知也与①！舜好问以好察迩言②。隐恶而扬善③。执其两端④，用其中于民。其斯以为舜乎⑤！"

注　解

①大知：有很高的才智，智慧。知，同"智"。

②迩言：左右亲近者的话。也指浅近的话。迩：近。

③隐恶而扬善：推行宽和忍让的德政以教化百姓，给人以自悟自我修正的机会，从而使各种不良行为自然消解，美好的

（品行日渐养成，良好的风尚日益形成。

④执其两端：把握正反两个方面的行为所引起的有利与不利影响，从而引导事物向合乎中道的方向发展。

⑤其斯以为舜乎：其：语气词，表示推测。以其德化如此，故号之为"舜"。《谥法》云："受禅成功曰舜。"又云："仁义盛明曰舜。"意即道德充满之谓。

译 文

孔子说："舜可以说是具有大智慧的人吧！他喜欢向人请教问题，又善于从人们浅近平常的话语里分析其含义，不宣扬别人的恶言恶行，只表彰别人的嘉言善行，根据过与不及两端的情况，采纳中庸之道来治理百姓，这就是舜之所以成为舜的原因吧！"

名家评点

郑玄说：近言而善，易以进人，察而行之也。"两端"，过与不及也。"用其中于民"，贤与不肖皆能行之也。其德如此，乃号为"舜"，舜之言"充"也。

孔颖达说：既能包于大道，又能察于近言，即是"大知"也。舜能执持愚、知两端，用其中道于民，使愚、知俱能行之。

朱子说：舜之所以为大知者，以其不自用而取诸人也。迩言者，浅近之言，犹必察焉，其无遗善可知。然于其言之未善者则隐而不宣，其善者则播而不匿，其广大光明又如此，则人孰不乐告以善哉。两端，谓众论不同之极致。盖凡物皆有两端，

43

如小大厚薄之类，于善之中又执其两端，而量度以取中，然后用之，则其择之审而行之至矣。然非在我之权度精切不差，何以于此。此知之所以无过不及，而道之所以行也。

予 知

　　心怀诚笃的人生，是轻松美好的。坦诚相对，就可以少却许多刻意的掩饰。

　　诚实有什么难以做到的呢？说一句谎话，需要编造十句谎话来掩饰，这是何苦呢？聪明反被聪明误，道理就在这里。

　　功利之心如罗网陷阱，于是人们尽显聪明，自以为高明。最终陷于自己罗织的牢笼之中。古人说：宁从拙中取，不于巧中求。拙显其诚，巧却诈伪。

　　那些选择中庸为立身之道的人，虽然知道适可而止的好处，但欲壑难填，好胜、攀比心切，结果是越走越远，无法做到持守。

　　正确面对自己的无知，享受已经到手的幸福，争取可能得到的果实，规划明天的目标。这样美好的人生我们为什么不奉行呢？

原文

子曰："人皆曰'予知'①，驱而纳诸罟（gǔ）擭（huò）陷阱之中②，而莫之知辟也③。人皆曰'予知'，择乎中庸，而不能期月守也④。"

注解

①予：我。知：同"智"。

②纳：原意为纳入，这里为落入之意。诸："之于"的合音。罟擭陷阱：借指利欲诱惑的圈套。罟：泛指网。《易·系辞》"作结绳而为罔罟。"擭：装有机关的捕兽的木笼。《尚书传》云："捕兽机槛。"

③辟：躲避，逃避。

④期月：一整月。

译文

孔子说："人人都说自己聪明，可是被驱赶到罗网陷阱之中，却不知道如何躲避。人人都说自己聪明，可是选择了中庸之道，却连一个月也不能坚持下来。"

名家评点

郑玄说：凡人自谓有知，人使之入罟，不知辟也。自谓择中庸而为之，亦不能久行，言其实愚又无恒。

孔颖达说：禽兽被人所驱，纳于罟网、擭陷阱之中，而不知违避辟，似无知之人为嗜欲所驱，入罪祸之中而不知辟。小人自谓选择中庸，而心行亦非中庸。假令偶有中庸，亦不能期匝一月而守之，如入陷阱也。

朱子说：择乎中庸，辨别众理，以求所谓中庸。知祸而不知避，以况能择而不能守，皆不得为知也。

服 膺

题 解

作为孔子最好的弟子，颜回在毅力方面有过人之处。《论语·雍也》中孔子说："贤哉回也！一箪食，一瓢饮，在陋巷，人不堪其忧，回也不改其乐。贤哉回也！"这说明颜渊不为贫贱所移，能坚守。

君子由于受到各种理念的约束，不愿违背良知，总是耿耿于原则，因此，从来不敢懈怠，也不敢放任一次，洁身自好，保持着人格的纯粹，做着孤独的固守。颜子正是这样的君子。

而小人对于中庸，总是持着无所谓的态度，所以做事没有什么顾忌，为所欲为。所以他们总是显得自在而潇洒，正如现在的人们所曾鼓吹而奉行的"何不潇洒走一回"。

子曰:"回之为人也:择乎中庸,得一善。则拳拳服膺①,而弗失之矣。"

①拳拳:奉持不舍的样子,引申为恳切。服膺:指牢记在心中。服,着,放置。膺,胸口。

孔子说:"颜回的处事为人是这样的,他选择中庸之道,每有所得,就牢牢切记不忘,并在行为上躬行实践,养成自己的美好品德,而不让它失去。"

孔颖达说:颜回选择中庸而行,得一善事,则形貌拳拳然奉持之。奉持守于善道,不敢弃失。

朱子说:奉持而着之心胸之间,言能守也。颜子盖真知之,故能择能守如此,此行之所以无过不及,而道之所以明也。

可 均

题解

　　有着明确的价值取向的事，是容易做到的，我们可以毫不犹豫地对自己的行为做出决定。但是，世间的事，并不都是如"一加一等于二"这样的简单明了，很多的事，都是有着极其复杂的因果和历史背景，并与客观世界有着千丝万缕的联系。要做出合乎天道的抉择，则是非常困难的。要做到中庸，则需要大智大勇，需要"威武不能屈，贫贱不能移"的毅力和勇气。

原文

　　子曰："天下国家，可均也①；爵禄，可辞也②；白刃，可蹈也③；中庸，不可能也。"

注解

　　①天下：指古代天子管辖下的所有地区。国家：指天子分封的诸侯国。均：治理，平定。

　　②爵禄：爵位，俸禄。周代的爵位分公、侯、伯、子、男五等。辞：辞摔，放弃。

　　③白刃：闪着亮光的快刀。蹈：踩，踏。

中
庸

 译 文

孔子说："天下国家是可以治理的，官爵俸禄是可以辞让的，锋利的刀刃是可以践踏而过的，但中庸却是不容易做到的。"

名家评点

郑玄说：中庸难为。

孔颖达说：白刃虽利，尚可履蹈而行之。唯中庸之道不可能也。

朱子说：三者亦知仁勇之事，天下之至难也，然不必其合于中庸，则质之近似者皆能以力为之。若中庸，则虽不必皆如三者之难，然非义精仁熟，而无一毫人欲之私者，不能及也。三者难而易，中庸易而难，此民之所以鲜能也。

问　强

题 解

本章的核心还是讲"中庸"。孔子最看重的是中道，讲中道能达到和谐、和平，但又不同流俗，不人云亦云，能中立而不偏倚。不管在何种情况下，都能持守中道，这种人才能称得上强大。

强者的品质是在逆境中塑造的，人生的困窘向人们昭示的并不纯粹就是灾难。我们应该自信，不论我们处在何种位置，境况如何，在这个世界上无人能够代替我们。当你跌入人生的低谷时，可能就预示着命运的转机的来临。成为强者，或者沦为弱者，取决于我们自己。

原文

子路问强①。子曰："南方之强与，北方之强与，抑而强与②？宽柔以教，不报无道③，南方之强也。君子居之④。衽金革，死而不厌⑤，北方之强也。而强者居之。故君子和而不流，强哉矫⑥；中立而不倚，强哉矫；国有道，不变塞焉⑦，强哉矫；国无道，至死不变，强哉矫。"

注解

①强：勇敢刚毅。

②抑：选择性连词，意为"还是"。而：代词，你。与：疑问语气词。

③报：报复。无道：指强暴无理的人。

④居：处。

⑤衽金革：枕着武器、盔甲睡觉。衽：卧席。金：指铁制的兵器，武器。革：指皮革制成的甲胄、盾牌。死而不厌：死也在所不惜。

⑥和而不流：性情平和又不随波逐流。矫：勇武，坚强。

⑦不变塞：不改变志向。塞，不通，穷困的境遇。

中庸

译 文

子路问什么是刚毅果敢的品质。孔子说："你是指南方人的精明强干呢？还是指北方人的刚健强悍呢？或者是指你认为的强呢？用宽厚柔和的精神去教育人，人家对我蛮横无理也不报复，这是南方的强，品德高尚的人具有这种强。枕着兵器铠甲睡觉，即使死也在所不惜，这是北方的强，勇武好斗的人就具有这种强。所以，品德高尚的人和顺而不随波逐流，这才是真强啊！保持中立而不偏不倚，这才是真强啊！国家政治清明，不改变志向，这才是真强啊！国家政治黑暗，能坚持操守至死不变，这才是真强啊！"

名家评点

郑玄说：强，勇者所好也。又说：三者所以为强者异也。又说：南方以舒缓为强。又说：北方以刚猛为强。又说：此抑女之强也。国有道，不变以趋时。国无道，不变以辟害。

孔颖达说：夫子将答子路之问，且先反问子路，言强有多种，女今所问，问何者之强，为南方，为北方，为中国，女所能之强也。子路之强，行中国之强也。又说：反问既竟，夫子遂为历解之。南方，谓荆阳之南，其地多阳。阳气舒散，人情宽缓和柔，假令人有无道加己，己亦不报，和柔为君子之道。又说：北方沙漠之地，其地多阴。阴气坚急，故人生刚猛，恒好斗争，故以甲铠为席，寝宿于中，至死不厌，非君子所处，

51

而强梁者居之。然唯云南北，不云东西者，郑冲云："是必南北互举，盖与东西俗同，故不言也。"又说：述中国之强也。不为南北之强，故性行和合而不流移，心行强哉，形貌矫然。若国有道，守直不变，德行充实，志意强哉，形貌矫然。若国之无道，守善至死，性不改变，志意强哉，形貌矫然。

朱子说：子路好勇，故问强。又说：宽柔以教，谓含容巽顺以诲人之不及也。不报无道，谓横逆之来，直受之而不报也。南方风气柔弱，故以含忍之力胜人为强。君子之道也。又说：宽柔以教，谓含容巽顺以诲人之不及也。不报无道，谓横逆之来，直受之而不报也。南方风气柔弱，故以含忍之力胜人为强，君子之道也。又说：北方风气刚劲，故以果敢之力胜人为强，强者之事也。又说：此四者，汝之所当强也。国有道，不变未达之所守；国无道，不变平生之所守也。此则所谓中庸之不可能者，非有以自胜其人欲之私，不能择而守也。君子之强，孰大于是。夫子以是告子路者。所以抑其血气之刚，而进之以德义之勇也。

《礼记正义》说：以其性和同，必流移随物，合和而不移，亦中庸之德也。国虽有道，不能随逐物以求荣利。今不改变己志，以趋会于时也。

素 隐

　　把道理讲得玄而又玄，做出各种怪诞行为，这些欺世盗名的做法，根本不合中庸之道的规范，自然是圣人所不齿的。遵照正确的道路，走到一半又停止下来，这是不及的行为，也是圣人所不欣赏的。唯有持守中庸之道，不为名利所困扰，这才是圣人所赞赏并身体力行的。

　　道，就像种子，深深根植在我们天性的血脉里，在我们天性的汁液滋润下茁长壮大。当然也或者由于我们的一念之差而使我们心中的"道"有所损伤，但是"道，"永远不可磨灭，只是深深地保留着。在适当的条件下，它又恢复生机，勃然而生。

　　朱子说：以知仁勇三大德为入道之门。以大舜、颜渊、子路之事明之。舜，知也；颜渊，仁也；子路，勇也：三者废其一，则无以造道而成德矣。

　　子曰："素隐行怪①，后世有述焉，吾弗为之矣②。君子遵道而行，半涂而废，吾弗能已矣③。君子依乎中庸，遁世不见知而不悔④，唯圣者能之。"

注解

①素：据《汉书》应为"索"，探索、寻求之意。隐：隐僻。怪：怪异。

②弗为之矣：不屑于这样做，耻于这样做。

③涂：通"途"。废：停止。已：止，停止。

④遁世：避世隐居。见知：被知。见，被。

译文

孔子说："探寻隐蔽的道理，做些怪诞的事情，后世也许会有人来记述他，称赞他，但我决不会这样做。君子按照中庸之道去做，但是中途改变，不能坚持下去，而我是决不会停止的。真正的君子遵循中庸之道，即使隐遁在世间一生不被人知道，也决不后悔，这只有圣人才能做得到。"

名家评点

郑玄说：隐者当如此也。唯舜为能如此。

孔颖达说：无道之世，身乡幽隐之处，应须静默。若行怪异之事，求立功名，使后世有所述焉。如此之事，我不能为之，以其身虽隐遁而名欲彰也。又说：君子之人，初既遵循道德而行，当须行之终竟。今不能终竟，犹如人行于道路，半涂而自休废。汲汲行道无休已也。又说：君子依行中庸之德，若值时无道隐遁于世，虽有才德，不为时人所知，而无悔恨之心，如此者非凡人所能，唯圣者能然。若不能依行中庸者，虽隐遁于世，不为人所知，则有悔恨之心也。

《礼记正义》说：身隐而行诡谲，以作后世之名，若许由洗耳之属是也。又说：君子以隐终始，行道不能止也。又说：知者，《史记》云："瞬耕于历山，渔于雷泽，陶于河滨。"是不见知而不悔。

朱子说：深求隐僻之理，而过为诡异之行也。然以其足以欺世而盗名，故后世或有称述之者。此知之过而不择乎善，行之过而不用其中，不当强而强者也，圣人岂为之哉！又说：遵道而行，则能择乎善矣；半涂而废，则力之不足也。此其知虽足以及之，而行有不逮，当强而不强者也。圣人于此，非勉焉而不敢废，盖至诚无息，自有所不能止也。又说：不为索隐行怪，则依乎中庸而已。不能半涂而废，是以遁世不见知而不悔也。此中庸之成德，知之尽、仁之至、不赖勇而裕如者，正吾夫子之事，而犹不自居也。故曰唯圣者能之而已。

费　隐

题　解

这一章首先提出费、隐两个概念。费，指道的普遍性以及用途的广泛性。隐，指道体的精微性与隐秘性。正因为人与道不可须臾离开，所以，道就应该有普遍的可适应性，连普通男女都可以知道，可以学习，也可以践行。但是，知道是一回事，一般性地践行是一回事，要彻底了解，进入其高深境界，则又另当别论了。所以，道又必须有精微奥妙的一面，供人们进行深造，进行创造性的实践。道是普遍的，无法用大小衡量它，因它其大无外，其小无内，这就是费。但道之理，则隐而无现。所以圣人也有所不知不能。所以道是从普通男女间最基本人伦开始的，直到弥贯天地。

原文

　　君子之道，费而隐①。夫妇之愚②，可以与知焉。及其至也③，虽圣人亦有所不知焉。夫妇之不肖，可以能行焉，及其至也，虽圣人亦有所不能焉。天地之大也，人犹有所憾。故君子语大④，天下莫能载焉，语小，天下莫能破焉⑤。《诗》云⑥："鸢飞戾天；鱼跃于渊⑦。"言其上下察也⑧。君子之道，造端乎夫妇⑨；及其至也，察乎天地。

注解

　　①费而隐：广大无涯而又深微精妙。费：本作"拂"。隐：精微，奥妙。

　　②夫妇：匹夫匹妇，指普通男女。

　　③与：动词，参与。至：极致，最精妙处。

④语：说，论及。

⑤莫能破：不能再做出分解。

⑥《诗》云：此诗引自《诗经·大雅·旱麓》，意在赞美周文王。

⑦鸢飞戾天；鱼跃于渊："鸢飞戾天"，比喻恶人远去。"鱼跃于渊"，比喻善人晋用，如鱼之得水。鸢，鸱类，老鹰。戾：到达。

⑧察：昭著，明显。

⑨造端：开始。

译文

君子坚守的道，用途广大而又深微精妙。一般来说愚夫愚妇，也是可以知道的；但到了最精微的境界，即使是圣人也有弄不清的地方。普通男女虽然不贤明，也是可以实行君子之道的；但若是最精妙的境界，即使是圣人也有做不到的地方。天地如此之大，但人们对天地仍有不满足的地方。因此，君子论及"大"，整个天下都无法承载其广大；君子谈论"小"，其微小的程度就达到了不可再分解的程度。《诗经·大

雅·旱麓》说:"老鹰飞向天空,鱼儿跃入深渊。"这是说君子之道,和鹰飞鱼跃一样,由上到下,显明昭著。君子的道,是从普通的男女所能懂能行的地方开始;但到了最高深精妙的境界,却能够明察天地间的一切事物。

名家评点

郑玄说:匹夫匹妇愚耳,亦可以其与有所知,可以其能有所行者。以其知行之极也,圣人有不能,如此舜好察迩言,由此故与。天地至大,无不覆载,人尚有所恨焉,况于圣人能尽备之乎。所说大事,谓先王之道也。所说小事,谓若愚、不肖夫妇之知行也。圣人尽兼行。又说:圣人之德至于天,则"鸢飞戾天";至于地,则"鱼跃于渊",是其着明于天地也。又说:夫妇,谓匹夫匹妇之所知、所行。

孔颖达说:君子之人,遭值乱世,道德违费则隐而不仕。若道之不费,则当仕也。又说:天下之事,千端万绪,或细小之事,虽夫妇之愚,偶然与知其善恶,若蒭荛之言有可听用。道之至极,如造化之理,虽圣人不知其所由。天地至大,无物不养,无物不覆,载于冬寒夏暑,人犹有怨恨之,犹如圣人之德,无善不包,人犹怨之,是不可备也。中庸之道,于理为难,大小兼包,始可以备也。君子语说先王之道,其事既大,天下之人无能胜载之者。若说细碎小事,谓愚不肖,事既纤细,天下之人无能分破之者。言事似秋毫,不可分破也。又说:圣人之德上至于天,则"鸢飞戾天",是翱翔得所。圣人之德下至于地，则"鱼跃于渊"，是游泳得所。言圣人之德，上下明察。又说：君子行道，初始造立端绪，起于匹夫匹妇之所知所行者。虽起于匹夫匹妇所知所行，及其至极之时，明察于上下天地也。

程子说：此一节，子思吃紧为人处，活泼泼地，读者其致思焉。

朱子说：君子之道，近自夫妇居室之间，远而至于圣人天地之所不能尽，其大无外，其小无内，可谓费矣。然其理之所以然，则隐而莫之见也。盖可知可能者，道中之一事，及其至而圣人不知不能。则举全体而言，圣人固有所不能尽也。又说：人所撼于天地，如覆载生成之偏，及寒暑灾祥之不得其正者。又说：子思引此诗以明化育流行，上下昭著，莫非此理之用，所谓费也。然其所以然者，则非见闻所及。所谓隐也。

侯氏说：圣人所不知，如孔子问礼问官之类；所不能，如孔子不得位、尧舜病博施之类。

不 远

题 解

道不可须臾离的基本条件是"道不远人"。因为人人按照自己本性行事，人人皆能知能行。就好比一条大道，所有的人都可以行走。相反，如果不从自己脚下走起，而是把道弄得离奇高远，道则无法实践了。所以君子只是从人身具有的本性出发，教化人，能改正错误就可以了。

从大处着眼，从小事着手，是我们处世的基本姿态。任何轰轰烈烈的事业都是从隐微处着手。我们总是慨叹历史在转折之机的微妙，对那些决定时刻的微妙变化扼腕不已，而试图做出假设。其实正是这些具体的细节，使历史的走向发生着质的变化，成为无法更改的必然选择。

那么人道是什么呢？如"忠恕"就是。它要求设身处地、将心比心地为他人着想，己所不欲，勿施于人。为人要先严格要求自己，像孔子那样从君臣、父子、兄弟、朋友四大人伦方面反省自己，从日常的言行做起，符合中道，不萎缩，不极端，言行一致，这就是一个很笃实的人啊。

原　文

子曰："道不远人。人之为道而远人，不可以为道。《诗》云①：'伐柯伐柯，其则不远②。'执柯以伐柯，睨而视之③，犹以为远。故君子以人治人，改而止④。忠恕违道不远⑤。施诸己而不愿⑥，亦勿施于人。君子之道四⑦，丘未能一焉：所求乎子，以事父，未能也；所求乎臣，以事君，未能也；所求乎弟，以事兄，未能也；所求乎朋友，先施之，未能也。庸德之行，庸言之谨⑧；有所不足，不敢不勉；有余不敢尽⑨。言顾行，行顾言。君子胡不慥慥尔⑩。"

注解

①《诗》云:此诗引自《诗经·豳风·嵌柯》,是赞美周公的诗。

②伐柯伐柯,其则不远:伐柯:砍伐木料,制作斧柄。柯:斧柄。《周礼》云:"柯长三尺,博三寸。"则:样式,标准,规定,法则。指斧柄的形式样板。

③睨:斜视。

④以人治人:以人固有之道来治理人。改而止:改正错误就行。

⑤忠恕违道不远:能够以忠恕处世,那么距离中庸之道就不远了。忠:尽己之心。恕:推己及人。违:离开。违背。

⑥施诸己而不愿:别人施加给自己而不愿承受的行为。

⑦君子之道四:指孝,忠,弟,信四个方面的行为。

⑧庸德:平常的道德。庸言:平常的言语。

⑨有余不敢尽:有能力做到的方面也不敢随便夸耀。

⑩慥慥:忠厚诚实的样子。

译文

孔子说:"道是不能离开人的。如果有人实行道却离开人,那就不可能实行道了。《诗经·豳风·伐柯》说:'砍削斧柄,斧柄的式样就在眼前。'握着斧柄砍削树木来做斧柄,应该说不会有什么差异,但如果你斜眼去看,还会以为差异很大。所以君子根据为人的道理来治理人,只要他能改正错误实行道就行。一个人做到忠恕，离道也就不远了。什么叫忠恕呢？自己不愿意的事，也不要施加给别人。君子的道有四项，我孔丘连其中的一项也没有能够做到：用我所要求儿子侍奉父亲的标准来孝顺父亲，我没有能够做到；用我所要求臣下侍奉君王的标准来竭尽忠诚，我没有能够做到；用我所要求的弟弟对哥哥做到的敬重恭顺，我没有能够做到；用我所要求朋友应该先做到的，我没有能够做到。实践平常的道德，谨慎平常的言论，还有不足的地方，不敢不再努力；言谈要留有余地，不说过头话。言论要符合自己的行为，行为要符合自己的言论，这样的君子怎么会不忠厚诚实呢！"

名家评点

郑玄说：道即不远于人，人不能行也。又说：持柯以伐木，将以为柯近，以柯为尺寸之法，此法不远人，人尚远之，明为道不可以远。人有罪过，君子以人道治之，其人改则止赦之，不责以人所不能。又说：圣人而曰我未能，明人当勉之无己。

孔颖达说：中庸之道不远离于人身，但人能行之于己，则中庸也。人为中庸之道，当附近于人，谓人所能行，则己所行可以为道。若违理离远，则不可施于己，又不可行于人，则非道也。又说：欲行其道于人，其法亦不远，但近取法于身，何异持柯以伐柯？人犹以为远，明为道之法亦不可以远。即所不原于上，无以交于下；所不原于下，无以事上。况是在身外，于他人之处，欲以为道，何可得乎？明行道在于身而求道也。又说：忠者，内尽于心。恕者，外不欺物。身行忠恕，则去道不远也。他人有一不善之事施之于己，己所不愿，亦勿施于人，人亦不愿故也。

孔颖达说：此四者，欲明求之于他人，必先行之于己，欲求其子以孝道事己，己须以孝道事父母。恐人未能行之。夫子，圣人，圣人犹曰我未能行，凡人当勉之无己。譬如己是诸侯，欲求于臣以忠事己，己当先行忠于天子及庙中事尸，是全臣道也。欲求朋友以恩惠施己，则己当先施恩惠于朋友也。自修己身，常以德而行，常以言而谨也。己之才行有所不足之处，不敢不勉而行之。己之才行有余，于人常持谦退，不敢尽其才行以过于人。使言不过行，恒顾视于行。使行副于言，谓恒顾视于言也。既顾言行相副，君子何得不慥慥然守实言行相应之道也。

朱子说：道者，率性而已，固众人之所能知能行者也，故常不远于人。若为道者，厌其卑近以为不足为，而反务为高远难行之事，则非所以为道矣。又说：人执柯伐木以为柯者，彼柯长短之法，在此柯耳。然犹有彼此之别，故伐者视之犹以为远也。若以人治人，则所以为人之道，各在当人之身，初无彼此之别。故君子之治人也，即以其人之道，还治其人之身。其人能改，即止不治。盖责之以其所能知能行，非欲其远人以为道也。又说：尽己之心为忠，推己及人为恕。自此至彼，相去不远，非背而去之之谓也。道，即其不远人者是也。施诸己而不愿亦勿施于人，忠恕之事也。以己之心度人之心，未尝不同，则道之不远于人者可见。故己之所不欲，则勿以施之于人，亦不远人以为道之事。又说：子、臣、弟、友，四字绝句。道不远人，凡己之所以责人者，皆道之所当然也，故反之以自责而自修焉。行者，践其实。

谨者，择其可。德不足而勉，则行益力；言有余而切，则谨益至。谨之至则言顾行矣；行之力则行顾言矣。君子之言行如此，岂不慥慥乎，赞美之也。凡此皆不远人以为道之事。

张子说：以众人望人则易从。又说：以爱己之心爱人则尽仁。又说：以责人之心责己则尽道。

素 位

题 解

这里讲的是儒家为己之学。"为己"就是要不断提升自己的道德品质，这是君子依靠自身的力量就能做到的。

一个人生下来，会碰到许多先天条件，诸如富贵、贫贱、患难等等。无论条件怎么样，都要做自己该做的事。处富贵者，不欺负人，处贫贱者，不攀附人，这样就不会遭到嫉妒和怨恨。不抱怨别人，也不抱怨客观环境，一如既往地做事，达不到目的反身求己，这样才是君子。

儒家的命定论，凸显道德、道义的至上性，使人适应环境，不那么患得患失，但忽略了社会环境的改造。实际上人的社会地位也是可以改变的，关键在于能否把握机遇和具有才智。但一切都要从自己现状出发，不能不切实际，好高骛远，自己折磨自己。生活的一切烦恼，尽皆根源于心存奢望。不要存有非分之想，也不要到处伸手，但决不能无原则地退缩。

让繁星缀满夜空，让灵魂回归心灵，愿德行使我们得以永生。

原文

君子素其位而行，不愿乎其外①。素富贵，行乎富贵；素贫贱，行乎贫贱；素夷狄②，行乎夷狄；素患难，行乎患难。君子无入而不自得焉⑤。在上位，不陵下④；在下位，不援上⑤。正己而不求于人，则无怨。上不怨天，下不尤人⑥。故君子居易以俟命，小人行险以徼幸⑦。子曰："射有似乎君子，失诸正鹄⑧，反求诸其身。"

注 解

①素：平素，现在的意思。这里作动词用。愿：倾慕，羡慕。其外：指本位之外的东西。

②夷：指东方的部族。狄：指西方的部族。泛指当时的少数民族。

③无入：无论处于什么情况下。

④陵：通"凌"，欺侮。

⑤援：攀附，巴结。本指抓着东西往上爬，引申为投靠有势力的人。

⑥尤：抱怨。

⑦居易：居于平易安全的境地，也就是安居现状的意思。俟命：等待天命。行险：冒险。徼幸：企图依靠偶然因素获得成功或意外地免除不幸。徼：谋求。幸：指所得不当。

⑧射：指射箭。正鹄：指箭靶子中心的圆圈。画在布上的叫正，画在皮上的叫鹄。

译文

君子安于现在所处的地位去做应做的事，不羡慕这以外的事情。处于富贵的地位，就做富贵人应做的事；处于贫贱的状况，就做贫贱人应做的事；处于夷狄的地位，就做夷狄应做的事；处于患难之中，就做在患难之中应做的事。君子无论处于什么情况下都是安然自得的。处于上位，不欺侮在下位的人；处于下位，不攀援在上位的人。端正自己而不苛求别人，这样就不会有什么抱怨了。上不抱怨天，下不抱怨人。所以，君子安居现状来等待天命，小人却铤而走险妄图获得非分的东西。孔子说："君子立身处世就像射箭一样，射不中靶子，要回过头来寻找自身技艺的问题。"

名家评点

郑玄说：反求于其身，不以怨人。

孔颖达说：乡其所居之位，而行其所行之事，不愿行在位外之事。《论语》云："君子思不出其位也。"

孔颖达说：乡富贵之中，行道于富贵，谓不骄、不淫也。乡贫贱之中，则行道于贫贱，谓不谄、不慑也。乡夷狄之中，行道于夷狄，夷狄虽陋，虽随其俗而守道不改。乡难患之中，行道于患难，而临危不倾，守死于善道也。又说：若身处富贵，依我常正之性，不使富贵以陵人。若以富贵陵人，是不行富贵之道。若身处贫贱则安之，宜令自乐，不得援牵富贵。若以援牵富贵，是不行贫贱之道。若身入夷狄，夷狄无礼义，当自正己而行，不得求于彼人，则被人无怨己者。《论语》云："言忠信，行笃敬，虽之夷狄，不可弃。"苟皆应之患难，则亦甘为，不得上怨天下尤人，故《论语》云"不怨天，不尤人"是也。

孔颖达说：君子以道自处，恒居平安之中，以听待天命也。小人以恶自居，恒行险难倾危之事以徼求荣幸之道，《论语》曰"不仁者，不可以久处约"是也。又说：凡人之射，有似乎君子之道。射者失于正鹄，谓矢不中正鹄。不责他人，反乡自责其身，言君子之人，失道于外，亦反自责于己。

朱子说：君子但因见在所居之位而为其所当为，无慕乎其外之心也。又说：素其位而行也。又说：不愿乎其外也。又说：画布曰正，栖皮曰鹄，皆侯之中，射之的也。

《礼记·正义》说：以上虽行道在于己身，故此覆明行道在身之事，以射譬之。

行 远

　　道德的修养不是一朝一夕就可达成，必须经过长时间的学习和岁月的砥砺，是一个循序渐进的历程，最终为人们所认同。

　　"天下之事，制之在始：始不可制，制之在末。"（苏洵《上文丞相书》）万物发展的过程都是天意，并非人力所能改变。我们所能做到的就是改变自己，从自己做起，从最切近处用力，使自己顺应天地的规律，适应自然，顺其自然。

　　不经历过程而只注重结果，不经历播种与长成而只要收获，不只是空想，更是强迫。必然什么也得不到。

　　一切的成功，都离不开经过，都是脚踏实地的干和做所最终形成的必然结果。

　　干和做就是务实，就是过程，只有经历了过程，才会有丰美的收获。

　　君子之道，辟如行远必自迩，辟如登高必自卑①。诗曰②："妻子好合，如鼓瑟琴③。兄弟既翕，和乐且耽④。宜尔室家，乐尔妻帑⑤。"子曰："父母其顺矣乎⑥！"

注解

①辟：通"譬"。迩：近。卑：低处。

②《诗》曰：此诗引自《诗经·小雅·常棣》，本意赞美文王。

③妻子：妻子与儿女。好合：和睦。瑟：弹拨乐器。共有二十五根弦，每弦一柱，形状与琴相似，春秋时流行的乐器。琴：共有七弦，又称"七弦琴"或"古琴"，始于周代，至汉代定型。

④翕：和顺，融洽。耽：《诗经》原作"湛"，安乐。

⑤宜：安。帑：通"孥"，儿子。

⑥顺：安乐舒畅。

译文

君子实行中庸之道，就像走远路一样，必定要从近处开始；就像登高山一样，必定要从低处起步。《诗经·小雅·常棣》说："家庭和睦，就像弹奏琴瑟一样和谐。兄弟关系融洽，和顺又快乐。使你的家庭美满，使你的妻儿幸福。"孔子赞叹说："这样，父母也就称心如意了啊！"

名家评点

郑玄说：行之以近者、卑者，始以渐致之高远。又说：此《诗》言和室家之道，自近者始。又说：谓其教令行，使室家顺。

孔颖达说：行之以远者近之始，升之以高者卑之始，言以渐至高远。不云近者远始，卑者高始，但勤行其道于身，然后能被于物，而可谓之高远耳。又说：行道之法自近始。犹如诗人之所云，欲和远人，先和其妻子兄弟，故云妻子好合，情意相得，如似鼓弹瑟与琴，音声相和也。兄弟尽皆翕合，情意和乐且复耽之。耽之者，是相好之甚也。宜善尔之室家，爱乐尔之妻帑。又说：父母能以教令行乎室家，其和顺矣乎。言中庸之道，先使室家和顺，乃能和顺于外，即上云道不远，施诸己。

《礼记正义》说：因上和于远人，先和室家。

朱子说：夫子诵此诗而赞之曰：人能和于妻子，宜于兄弟如此，则父母其安乐之矣。子思引诗及此语，以明行远自迩、登高自卑之意。

鬼 神

题解

这一章借鬼神来说明道，道是无所不在的，道是真实无妄的，道是"不可须臾离"的，人们必须用诚心对待它。站在十字路口，各种彩灯发出迷幻的光芒，就像那种来自天国的神圣的指引，指示着我们要去的和该去的方向。

站在人生的十字路口，我们胸怀着走向远方的向往，我们合什祈愿冥冥之中的先知与主宰，保佑我们道路通畅。

站在心灵与天地的交汇处，在这可以向各个方向举步的微妙时刻，在这静谧的等待之中，我们面对诸神，谛听从生命源头传来的经久不息的回声。

天地有知，为了走得更远，我们祈祷，恳求上天的灵光，照耀到我们迷途的无助的祈祷者的心灵上。使我们从人生的第一步开始，就走在通往至善的大道之上。

《礼记·正义》说：明鬼神之道无形，而能显著诚信。中庸之道与鬼神之道相似，亦从微至著，不言而自诚也。

原　文

子曰："鬼神之为德①，其盛矣乎！"视之而弗见，听之而弗闻，体物而不可遗②。使天下之人，齐明盛服，以承祭祀③。洋洋乎④，如在其上，如在其左右。《诗》曰⑤："神之格思，不可度思，矧可射思⑥？"夫微之显，诚之不可掩如此夫⑦！

注　解

①鬼神：指已故祖先的魂灵，具有一定神通能力，可在一定程度上干预世间事件发展进程、影响人的命运的神灵。鬼就

是归，归属，回归的意思。古代迷信的说法认为人死后灵魂不灭，称为鬼。神，就是神祇。古代神话及宗教中所传说的超乎自然、主宰物质世界的精灵。

②体物：体察、生养万物。

③齐明盛服：祭祀之前沐浴斋戒，穿上礼仪规定的制服。齐：通"斋"，斋戒。明：洁净。盛服：穿上参加隆重仪式的服装。以承祭祀：承担祭祀的仪式。

④洋洋乎：流动充满之意。

⑤《诗》曰：此诗引自《诗经·大雅·抑》。

⑥格思：来临。思，语气词。度：揣度。矧：况且。射：《诗》作"斁"，厌，指厌怠不敬。

⑦微之显：指鬼神之事即隐微又明显。掩：掩盖，遮掩。

译文

孔子说："鬼神所做的功德那可真是大得很啊！"虽然看它也看不见，听它也听不到，但它的功德却体现在万物上无所遗漏。使天下的人都斋戒净心，穿着庄重整齐的服装来祭祀它。这时鬼神的形象流动充满其间，好像就在你的头上，好像就在你的左右。《诗经·大雅·抑》说："神的降临，不可测度，怎么能够怠慢不敬呢？"鬼神从隐微到功德显著，是这样的真实无妄而不可掩盖啊！

名家评点

郑玄说：万物无不以鬼神之气生也。又说：神之来，其形象不可揣度而知，事之尽敬而已，况可厌倦乎。又说：神无形而着，不言而诚。

孔颖达说：万物生而有形体，鬼神之道，生养万物，无不敬畏而不有所遗，言万物无不以鬼神之气生也。又说：鬼神能生养万物，故天下之人齐戒明絜，盛饰徐服以承祭祀。鬼神之形状，人想象之，如在人之上，如在人之左右，想见其形也。又说：诗人刺时人祭祀懈倦，故云神之来至，以其无形不可度知，恒须恭敬，况于祭祀之末可厌倦之乎？言不可厌倦也。引《诗》，明鬼神之所尊敬也。又说：鬼神之状微昧不见，而精灵与人为吉凶。鬼神诚信，不可揜蔽。善者必降之以福，恶者必降之以祸。

程子说："鬼神，天地之功用，而造化之迹也。"

张子说："鬼神者，二气之良能也。"

朱子说：以二气言，则鬼者阴之灵也，神者阳之灵也。以一气言，则至而伸者为神，反而归者为鬼，其实一物而已。为德，犹言性情功效。又说：鬼神无形与声，然物之终始，莫非阴阳合散之所为，是其为物之体，而物所不能遗也。其言体物，犹易所谓干事。又说：能使人畏敬奉承，而发见昭著如此，乃其体物而不可遗之验也。孔子曰："其气发扬于上，为昭明焄蒿凄怆。此百物之精也，神之着也"，正谓此尔。又说：阴阳合散，无非实者。故其发见之不可揜如此。

大　德

题　解

《诗经》里早就说过，那些有关好德行的人，会为民众做好事，所以也会得到天的保佑。因此有大德的人必然获得至高无上的权位。

在本章，作者突出道德的至上性，但并不排除权利、名位、财富、福禄、长寿等世俗人们所倾慕的东西，只不过和德行连在了一块。

对于平庸的我们来说，谁的德行都不足以服天下，只有通力合作，在帮助别人成就事业的同时，使自己的人格趋于完美。无论处在何种位置，都是上天的意旨，是命运不可抗拒的注定。那种自以为老子天下第一的想法是可笑的，最终失败的是自己。在给他人设置障碍的同时，也给自己种植了荆棘和羁绊，必将使自己寸步难行。

生命的质量取决于自己的奋斗。《礼记·正义》说："明中庸之德，故能富有天下，受天之命也。"

原文

子曰："舜其大孝也与！德为圣人，尊为天子，富有四海之内，宗庙飨之，子孙保之[1]。故大德必得其位[2]，必得其禄，必得其名，必得其寿。故天之生物，必因其材而笃焉[3]。故栽者培之，倾者覆之[4]。《诗》曰[5]："嘉乐君子，宪宪令德[6]。宜民宜人[7]，受禄于天。保佑命之。自天申之[8]。'故大德者必受命。"

注解

①宗庙：古代天子、诸侯祭祀先王的地方。《古今注》曰："宗谓祖宗，庙号以祖有功而宗有德，故统称之曰宗庙。周制天子七庙，诸侯五，大夫三，士一。"《礼记·王制》说："自大夫以下皆称家庙，无庙号之可称也。"飨：一种祭祀形式。之：代词，指舜。子孙：指舜的后代虞思、陈胡公等。

②大德：伟大而卓越的品德。

③材：资质，本质。笃：厚。

④培：培育。覆：倾覆，摧败。

⑤《诗》曰：此诗引自《诗经·大雅·假乐》。

⑥嘉乐：今本《诗经》作"假乐"。假，意为美善。宪宪：今本《诗经》作"显显"。显显，显明兴盛的样子。令德：美好的德行。

⑦宜民宜人：既被民众爱戴，又受到诸侯的拥戴。民：平民。人：士大夫以上阶层的人。

⑧申：重申。

孔子说："舜可以说是个大孝之人了吧！论德行他是圣人，论地位他是尊贵的天子，论财富他拥有整个天下，后世在宗庙里祭祀他，子子孙孙都保持他的功业。所以，有大德的人必定得到他应得的地位，必定得到他应得的财富，必定得到他应得的名声，必定得到他应得的寿数。所以，上天生养万物，必定根据它们的资质而厚待它们。能成材的得到培育，不能成材的就遭到淘汰。《诗经·大雅·假乐》说：'高尚优雅的君子，有光明美好的德行。让人民安居乐业，享受上天赐予的福禄。上天保佑他，任用他，给他以重大的使命。'所以，有大德的人必会承受天命。"

名家评点

郑玄说：以其德大能覆养天下，故"必得其位"。如孔子有大德而无其位，以不应王录，虽有大德，而无其位也。《援神契》云："丘为制法，上黑绿，不代苍黄。"言孔子黑龙之精，不合代周家木德之苍也。《孔演图》又云"圣人不空生，必有所制以显天心，丘为木铎制天下法"是也。又说：善者天厚其福，恶者天厚其毒，皆由其本而为之。

孔颖达说：天之所生，随物质性而厚之。善者因厚其福，舜、禹是也；恶者因厚其毒，桀、纣是也。故四凶黜而舜受禅也。道德自能丰殖，则天因而培益之。若无德自取倾危者，天亦因而覆败之也。又说：诗人言善乐君子，此成王宪宪然，有令善之德。

朱子说：至而滋息为培，气反而游散则覆。又说：受命者，受天命为天子也。

无 忧

题 解

本章有三个层次。由舜讲到周代，作者认为周代先王积德累仁，特别是文王更为突出。这是第一个层次。至武王，虽说以武力获得天下，但名望并没有丧失，获得了尊荣、权位、财富，以及子孙长久的祭祀。这是第二个层次。周公是第三个层次。周公成就了文王、武王的事业，制礼作乐，从天子推及到普通百姓。通篇都是讲德，和上文"大德必得其位"相通，核心还是同孝相连。

任何人都处在时间链环的中间，肩负着自己的使命，必须对历史承担义务，必须对未来负起责任。追缅先祖，开辟未来，我们责无旁贷。

无论我们境遇如何，都不可忘记祖宗的功德，是他们给我们传承了姓氏这一荣耀，使我们自出生就有了与他人不同的名号。

原　文

子曰："无忧者其唯文王乎！以王季为父，以武王为子。父作之，子述之①。武王缵大王、王季、文王之绪②，壹戎衣而有天下③。身不失天下之显名，尊为天子。富有四海之内，宗庙飨之，子孙保之。武王末受命④，周公成文武之德，追王大王、王季⑤，上祀先公以天子之礼。斯礼也，达乎诸侯大夫，及士庶人⑥。父为大夫，子为士，葬以大夫，祭以士：父为士，子为大夫，葬以士，祭以大夫。期之丧⑦，达乎大夫。三年之丧，达乎天子。父母之丧，无贵贱，一也。"

注　解

①父作之：父亲开创基业。作，开创。子述之：儿子继承父王的遗志，完成先王未竟大业。述，继承。

②缵：继续。大王：太王，即王季的父亲古公亶父。绪：事业。

③壹戎衣而有天下：一战而统一天下。戎衣：军服。指军队。引申为战争。是说一旦穿起征战的甲胄，就一战而歼灭殷商。壹：通"殪"，歼灭。

④末：晚年。受命：授命。

⑤追王：追尊……为王。

⑥大夫：古代贵族等级的一级，其地位在国君之下低于卿，高于士。士：是级剟最低的贵族阶层。在古代商、周、春

秋时期，"士"多为卿、大夫的家臣。以食田或俸禄为生。《国语·晋语四》："大夫食邑，士食田。"庶人：即平民。具有自由身份的农业生产者。其地位低于"士"。

⑦期之丧：一周年的守丧期。期：指一整年。丧：丧礼，对亡故的人殓殡奠馈和拜跪哭泣的礼节，为古代"四礼"之一。

译 文

孔子说："没有忧愁的人，大概只有周文王了吧！他有王季这样的父亲，有武王这样的儿子。父亲开创了帝王的基业，儿子继承了他的事业。武王继承了太王古公亶父、王季、周文王的功业，身着战袍讨伐商纣王，一举夺取了天下。他本身没有失掉显扬天下的美名，成为尊贵的天子，拥有四海之内的疆土，社稷宗庙祭祀他，子子孙孙永保周朝王业。武王晚年才承受天命，及至周公才成就了文王、武王的德业，追尊太王、王季为王，又用天子之礼祭祀历代祖先。而且将这种礼制，推行到诸侯、大夫、士和庶人。按照这种礼制，如果父亲身为大夫，儿子身为士，父亲死后，用大夫礼安葬，用士礼祭祀；如果父亲身为士，儿子身为大夫，父亲死后，就用士礼安葬，用大夫礼祭祀。服丧一周年的丧制，从平民通行到大夫

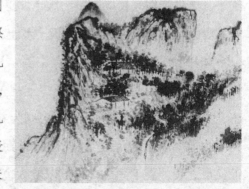

为止。服丧三年的丧制，从庶民一直通行到天子。为父母服丧，不论身份贵贱，服期都是一样的。"

名家评点

郑玄说：圣人以立法度为大事，子能述成之，则何忧乎？尧、舜之父子则有凶顽，禹、汤之父子则寡令闻。父子相成，唯有文王。又说：以王迹起焉，先公组绀以上至后稷也。葬之从死者之爵，祭之用生者之禄也。

孔颖达说：文王以王季为父，则王季能制作礼乐，文王奉而行之。文王以武王为子，武王又能述成文王之道，故"无忧"也。又说：武王能缵继父祖之业，以王天下也。周公尊崇先公之礼，非直天子所行，乃下达于诸侯、大夫、士、庶人等，无问尊卑，皆得上尊祖父，以己之禄祭其先人，犹若周公以成王天子之礼祀其先公也。父既为大夫，祭以士礼，贬其先人而云尊之者，欲明以己之禄祀其先人也。欲见大夫之尊，犹有期丧，谓旁亲所降在大功者，得为期丧，还着大功之服，故云"达乎大夫"。若天子、诸侯旁期之丧，则不为服也。正统在三年之丧，父母及适子并妻也。唯父母之丧，无问天子及士、庶人，其服并同。

朱子说：此言文王之事。书言"王季其勤王家"，盖其所作，亦积功累仁之事也。又说：上祀先公以天子之礼，又推大王、王季之意，以及于无穷也。制为礼法，以及天下，使葬用死者之爵，祭用生者之禄。丧服自期以下，诸侯绝；大夫降；而父母之丧，上下同之，推己以及人也。

达 孝

这里仍接上章，说文王、武王是大孝。孝的最重要特点是能继承先人遗志，把先人事业发展下去。《论语·学而》："子曰：'父在，观其志；父没，观其行；三年无改于父之道，可谓孝矣。"《论语·子张》："曾子曰：'吾闻诸夫子，孟庄子之孝也，其他可能也；其不改父之臣与父之政，是难能也。"都是讲继承遗志。

这里所不同的是突出祭祀礼乐，"慎终追远，民德归厚"（《论语·学而》），以孝治天下，治国就像看自己手掌那么容易。《论语·八佾》："或问禘之说。子曰：'不知也。知其说者之于天下也，其如示诸斯乎！'指其掌。"这里正好借用了这一思想。

原 文

子曰："武王、周公，其达孝矣乎①！"夫孝者，善继人之志，善述人之事者也。春秋修其祖庙，陈其宗器②，设其裳衣，荐其时食③。宗庙之礼，所以序昭穆也④；序爵⑤，所以辨贵贱也；序事⑥，所以辨贤也；旅酬下为上，所以逮贱也⑦；燕毛，所以序齿也⑧。践其位⑨，行其礼，奏其乐，敬其所尊，爱其所亲，事死如事生，事亡如事存，孝之至也。郊社之礼⑩，所以事上帝也；宗庙之礼，所以祀乎其先也。明乎郊社之礼、禘尝之义，治国其如示诸掌乎^①！

注解

①达：通"大"。

②春秋：本指季节，此指祭祀祖先的时节。陈其宗器：陈列先世所藏之重器，如赤刀、大训、天球、河图之书。一说祖宗传下来的礼乐器具。

③裳衣：祖宗生前穿过的衣服。裳是下衣，衣是上装。荐其时食：进献时令食品。

④昭穆：宗庙中神主排列的次序，一般始祖居中，以下父子按左昭右穆顺序排列，此指祭祀的时候，排列出父子、长幼、亲疏的次序。《周礼·春官·小宗伯》："辨庙祧之昭穆。"排列昭穆的位次，是古代一种宗法制度，左为昭，右为穆。宗庙的次序规定：以始祖庙的牌位居中，左方依次是二世、四世、六世，称为昭；右方依次是三世、五世、七世，称为穆。

⑤序爵：祭祀时，参加祭奠的人员按官爵大小，以公、侯、卿、大夫四等排列先后。

⑥序事：按在祭祀礼仪仪程中担任的职务排列先后次序。事：职事，职务。

⑦旅酬：众人举杯劝酒。旅，众。酬，以酒相劝。逮贱：祖先的恩惠下达到卑贱者。

⑧燕毛：宴饮时，依照毛发的颜色区分长幼的次序。燕，

同"宴"。

⑨践其位：站在与自己身份相应的位置上。践：践踏，引申为站在。其，指自己。

⑩郊社之礼：祭祀天地的礼仪。冬至这天，在南郊举行祀天仪式，称为"郊"；夏至这天，在北郊举行祭地仪式，称为"社"。

⑪禘尝：此代指四时祭祀。禘，天子宗庙举行的隆重祭礼。尝，秋祭。示诸掌：看视放置在手掌上的东西，指容易看见。示，通"视"。

译文

孔子说："周武王和周公，是真正做到大孝道的人了吧！这样的孝，指的是善于继承先人的遗志，善于继承先人未竟的事业。每逢春秋举行祭祀之时，修整祖庙，陈列祖先遗留的重器，摆设先人的衣裳，供奉时令食品。宗庙中的祭礼，是用以序列左昭右穆各个辈分的；序列爵位，是用以辨别身份贵贱的；安排祭祀中各种职事，是用以判断子孙才能的；祭后众人轮流举杯劝酒时，晚辈向长辈敬酒，是用以显示先祖的恩惠下达到地位低贱者的身上的；祭毕宴饮时，依照头发的黑白来排列座次，是用以区分长幼次序的。供奉好先王的牌位，举行先王留下的祭礼，演奏先王时代的音乐，敬重先王所尊敬的人，爱护先王所爱的子孙臣民，侍奉死者如同他在世时一样，侍奉亡故的如同他活着时一样，这就是孝道的极致了。祭祀天地的礼节，是用来侍奉上帝的；祭祀宗庙的礼节，是用来祭祀自己祖先的。明白了祭天祭地的礼节和四时举行诸祭的意义，那么治理国家就如同观看手掌上的东西一样清楚简易了。"

名家评点

郑玄说：物而在掌中，易为知力者也。序爵、辨贤，尊尊、亲亲，治国之要。

孔颖达说：若文王有志伐纣，武王能继而承之。《尚书·武成》曰："予小子，其承厥志。"文王有文德为王基，而周公制礼以赞述之。故《洛诰》云"考朕昭子刑，乃单文祖德"，是善述人之事也。此是武王、周公继孝之事。又说：若昭与昭齿，穆与穆齿是也。祭祀之时，公、卿、大夫各以其爵位齿列而助祭祀，是"辨贵贱"也。又说：孝子升其先祖之位，行祭祀之礼也。又说：若能明此序爵辨贤尊亲，则治理其国，其事为易，犹如置物于掌中也。

朱子说：承上章而言武王、周公之孝，乃天下之人通谓之孝，犹孟子之言达尊也。武王缵大王、王季、文王之绪以有天下，而周公成文武之德以追崇其先祖，此继志述事之大者也。

下文又以其所制祭祀之礼，通于上下者言之。又说："祖庙：天子七，诸侯五，大夫三，适士二，官师一。宗器，先世所藏之重器；若周之赤刀、大训、天球、河图之属也。裳衣，先祖之遗衣服，祭则设之以授尸也。时食，四时之食，各有其物，如春行羔、豚、膳、膏、香之类是也。"又说：有事于太庙，则子姓、兄弟、群昭、群穆咸在而不失其伦焉。爵，公、侯、卿、大夫也。事，宗祝有司之职事也。盖宗庙之中以有事为荣，故逮及贱者，使亦得以申其敬也。又说：所尊所亲，先王之祖考、子孙、臣庶也。始死谓之死，既葬则曰反而亡焉，皆指先王也。此结上文两节，皆继志述事之意也。又说：四时皆祭，举其一耳。礼必有义，对举之，互文也。

问　政

题　解

这一章是《中庸》全篇的重点，接续前章，分几个层次：

首先借孔子的回答提出了为政准则——文武之道。讨论了政事与人的关系，认为人的关键是道德修养，提出了德的内涵：仁、义、礼、智。并认为四者来源于天，是自然的道德法则。从而推导出天下人共有的君臣、父子、夫妇、兄弟、朋友五达道，突出了实践此达道的智仁勇三达德。

其次，接上文提出了治理天下国家的九条原则，并讨论了这九条原则的重要性，以及如何实现这些原则。认为关键在于一个"诚"字。这和《大学》修齐治平有共通之处。

再次，由诚引出天道和人道。圣人和凡人的问题。认为天道就是诚，即真实无妄。圣人和天道同一，是自然之诚。圣人不用勉力，不用思考，就可以从从容容达到中道。而人道往往不诚，必须经过自反，关键在于"择善而固执"，即紧紧抓住一个"善"字。善当然包括仁义礼智四德。一般人，也就是学知、困知、利行、勉行之人，在学习时，要注意学、问、思、辨、行这些学习方法和原则。

《论语·子张》中也有类似思想，如子夏说："博学而笃志，切问而近思，仁在其中矣。"与之相比，《中庸》增加了力行的内容，而且内容更加丰富全面。

原　文

哀公问政。子曰："文武之政，布在方策①。其人存②，则其政举；其人亡，则其政息③。人道敏政，地道敏树④。夫政也者，蒲卢也⑤。故为政在人，取人以身，修身以道，修道以仁。仁者，人也，亲亲为大⑥。义者，宜也，尊贤为大。亲亲之杀⑦，尊贤之等，礼所生也⑧。（在下位，不获乎上，民不可得而治矣⑨。）故君子不可以不修身。思修身，不可以不事亲；思事亲，不可以不知人；思知人，不可以不知天。"

注 解

①布在方策：记载在书中。布：陈述。策：通"册"。书写用的竹简。

②其人存：倡导某项政策的人处在相应的位置。人：指处于一定位置的执政者。

③息：停止，消失。

④人道敏政：人对于政令的反应是敏锐的。人道：人的天性。是与"天道"相对应的古代哲学概念。敏：迅速，敏锐。地道敏树：土地对于种子的反应是及时的。地道：即地利，土地的本质。也是与"天道"相对应的古代哲学概念。树：栽培树木，种植百谷。

⑤蒲卢：沈括以为蒲卢就是蒲苇。即芦苇。水生植物，生长迅速，柔韧顺变。这里用以说明为政之道。比喻君子从政得到贤臣辅佐就会很快取得成功。又《尔雅》云"螺蠃，蒲卢"，即今之细腰蜂。即土蜂。《诗》曰："螟蛉有子，螺蠃负之。"蒲卢，取桑虫之子以为己子。

⑥亲亲：前者为动词，作亲爱解；后者是名词，指亲人，如父母等。

⑦杀：等差，区别。亲亲之杀：指亲爱亲族是根据关系远近有所分别。《礼记·文王世子》曰："其族食世降一等。亲亲之杀也。"

⑧礼所生也：是礼仪的规定。礼：等级制度下的社会规范

和道德标准。

⑨在下位不获乎上，民不可得而治矣：郑玄说："此句在下，误重在此。"郑说有道理，当删。

鲁哀公向孔子询问政治。孔子说："周文王、周武王的政治措施，都记载在典籍上了。这样的贤人在世，这些政事就能实施；他们去世，这些政事也就废弛了。贤人治理国家，政事就能迅速推行；沃土植树，树木就能快速生长。政事就像芦苇生长一样快速容易。所以处理好政事完全取决于用什么人，要得到适用的人在于修养自身，修养自身在于遵循道德，遵循道德要以仁为本。仁，就是人自身具有爱人之心，亲爱亲人是最大的仁。义，就是事事做得适宜，尊重贤人是最大的义。亲爱亲人要分亲疏，尊重贤人要有等级，这就产生了礼。所以，君子不可以不修身。想要修身，不能不侍奉父母亲人；要侍奉父母亲人，不能不了解人；想要了解人，不能不知道天理。"

名家评点

郑玄说：人之无政，若地无草木矣。蒲卢取桑虫之子，去而变化之，以成为己子。政之于百姓，若蒲卢之于桑虫然。又说：在于得贤人也。明君乃能得人。

孔颖达说：文王、武王为政之道，皆布列在于方牍简策。虽在方策，其事久远，此广陈为政之道。若得其人，道德存在，则能兴行政教，故云"举"也。其人若亡，道德灭亡，不能兴举于政教。若位无贤臣，政所以灭绝也。又说：为人君当勉力行政。为地之道，亦勉力生殖也。人之无政，若地无草木。地既无心，云勉力者，以地之生物无倦，似若人勉力行政然也。善为政者，化养他民以为己民，若蒲卢然也。又说：君行善政，则民从之，故欲为善政者，在于得贤人也。君欲取贤人，先以修正己身，则贤人至也。欲修正其身，先须行于道德也。欲修道德。必须先修仁义。

孔颖达说：行仁之法，在于亲偶。欲亲偶疏人，先亲己亲，然后比亲及疏。若欲于事得宜，莫过尊贤。五服之节，降杀不同，是亲亲之衰杀。公卿大夫，其爵各异，是"尊贤之等"。礼者所以辨明此上诸事。又说：思念修身之道，必先以孝为本。既思事亲，不可不先择友取人也。欲思择人，必先知天时所佑助也。谓人作善，降之百祥；作不善，降之百殃，当舍恶修善也。

朱子说：有是君，有是臣，则有是政矣。又说：以人立政，犹以地种树，其成速矣，而蒲苇又易生之物，其成尤速也。言人存政举，其易如此。又说：此承上文人道敏政而言也。为政在人，家语作"为政在于得人"，语意尤备。人，谓贤臣。身，指

君身。道者，天下之达道。仁者，天地生物之心，而人得以生者，所谓元者善之长也。言人君为政在于得人，而取人之则又在修身。能修其身，则有君有臣，而政无不举矣。又说：人，指人身而言。具此生理，自然便有恻怛慈爱之意，深体味之可见。宜者，分别事理，各有所宜也。礼，则节文斯二者而已。又说：为政在人，取人以身，故不可以不修身。修身以道，修道以仁，故思修身不可以不事亲。欲尽亲亲之仁，必由尊贤之义，故又当知人。亲亲之杀，尊贤之等，皆天理也，故又当知天。

原文

天下之达道五[1]，所以行之者三。曰：君臣也，父子也，夫妇也，昆弟也[2]，朋友之交也；五者，天下之达道也。知、仁、勇三者，天下之达德也，所以行之者一也[3]。或生而知之[4]，或学而知之[5]，或困而知之[6]，及其知之一也。或安而行之[7]，或利而行之[8]，或勉强而行之[9]，及其成功一也。子曰："好学近乎知，力行近乎仁，知耻近乎勇。知斯三者，则知所以修身；知所以修身，则知所以治人；知所以治人，则知所以治天下国家矣。"

注解

①达道：天下古今共同遵循的道理。

②昆弟：兄和弟，也包括堂兄堂弟。

③达德：天下古今共同具备的德性。一：这里指诚。

④生而知之：天赋超常，天生自知，具有天生就有的高贵

品质。

⑤学而知之：通过自己的学习实践而求得知识和学问，提高自己的修养。

⑥困而知之：因为身处困境，迫于情势，因而刻苦求学，乃有所知所成。

⑦安而行之：无欲无求，顺天应人，无为而为，安然处之。

⑧利而行之：因为对于自己有利，于是在利益的引导下欣然而行之。

⑨勉强而行之：勉力自强，奉行不懈。

　　天下共通的人伦大道有五条，用来实行这五条人伦大道的德行有三种。君臣之道、父子之道、夫妇之道、兄弟之道、朋友之道，这五项是天下共通的大道。智、仁、勇三种是天下共通的品德，用来履行这五条人道，这三种品德的实施效果都是一致的。对这些道理，有的人生来就知晓，有的人通过学习才知晓，有的人经历了困苦才知晓，但只要他们最终都知道了，也就是一样的了。对于这些道理的实行，有的人心安理得地去做，有的人因为名利去做，有的人被迫勉强去做。孔子说："爱好学习就接近智了，努力行善就接近仁了，知道羞耻就接近勇了。知道这三点，就知道怎样修养自己；知道怎样修养自己，就知道怎样治理他人；知道怎样治理他人，就知道怎样治理天下和国家了。"

名家评点

郑玄说：达者，常行，百王所不变也。又说：长而见礼义之事，己临之而有不足，乃始学而知之，此"达道"也。又说：有知、有仁、有勇，乃知修身，则修身以此三者为基。

孔颖达说：五者，谓君臣、父子、夫妇、昆弟、朋友之交，皆是人间常行道理，事得开通。知、仁、勇，人所常行，在身为德。百王用此三德以行五道。五事为本，故云"道"；三者为末，故云"德"。若行五道，必须三德。无知不能识其理，无仁不能安其事，无勇不能果其行，故必须三德也。百王以来，行此五道三德，其义一也，古今不变也。

程子曰：所谓诚者，止是诚实此三者。三者之外，更别无诚。

朱子说：达道者，天下古今所共由之路，即书所谓五典，孟子所谓"父子有亲、君臣有义、夫妇有别、长幼有序、朋友有信"是也。知，所以知此也；仁，所以体此也；勇，所以强此也；谓之达德者，天下古今所同得之理也。一则诚而已矣。达道虽人所共由，然无是三德，则无以行之；达德虽人所同得，然一有不诚，则人欲间之，而德非其德矣。又说：知之者之所知，行之者之所行，谓达道也。以其分而言：则所以知者知也，所以行者仁也，所以至于知之成功而一者勇也。以其等而言：则生知安行者知也，学知利行者仁也，困知勉行者勇也。盖人性虽无不善，而气禀有不同者，故闻道有蚤莫，行道有难易，然能自强不息，则其至一也。

吕氏曰：所入之涂虽异，而所至之域则同，此所以为中庸。若乃企生知安行之资为不可几及，轻困知勉行谓不能有成，此道之所以不明不行也。

《礼记正义》曰：明修身在于至诚，若能至诚，所以赞天地、动蓍龟也。博厚配地，高明配天。

原文

凡为天下国家有九经①。曰：修身也，尊贤也，亲亲也，敬大臣也，体群臣也，子庶民也②，来百工也。柔远人也，怀诸侯也③。修身则道立，尊贤则不惑，亲亲则诸父昆弟不怨，敬大臣则不眩④，体群臣则士之报礼重，子庶民则百姓劝⑤，来百工则财用足，柔远人则四方归之，怀诸侯则天下畏之。

注解

①九经：九条基本准则。经：经纬。常规，准则，纲要。

②体：体察，体恤。子庶民：以庶民为子，如父母爱其子。

③来：招来。百工：各种工匠。柔远人：优待边远地方来的人。怀诸侯：朝廷对所分封的各诸侯给予安抚和保护。怀：安抚。

④不眩：没有疑虑。眩：目眩眼花。引申为迷惑，失去方向。喻指政事紊乱。

⑤报：回报。劝：劝化。勉力，努力。

少年读大学·中庸

译 文

凡是治理天下国家有九条原则。那就是：修养自身，尊重贤人，爱亲亲人，敬重大臣，体恤群臣，爱民如子，招纳工匠，优待远客，安抚诸侯。修养自身，就能确立正道；尊重贤人，就不会思想困惑；亲爱亲族，就不会惹得叔伯兄弟怨恨；敬重大臣，就不会遇事迷惑；体恤群臣，士人们的回报就会更加厚重；爱民如子，老百姓就会努力工作；招纳工匠，财物就会充足；优待远客，四方之人就会归顺；安抚诸侯，天下的人就会敬畏了。

名家评点

孔颖达说：修正其身，不为邪恶，则道德兴立也。以贤人辅弼，故临事不惑，所谋者善也。又说：以恭敬大臣，任使分明，故于事不惑。前文不惑，谋国家大事，此云"不眩"，谓谋国家众事，但所谋之事，大小有殊，所以异其文。群臣虽贱，而君厚接纳之，则臣感君恩，故为君死于患难，是"报礼重"也。爱民如子，则百姓劝勉以事上也。百工兴财用也，君若赏赉招来之，则百工皆自至，故国家财用丰足。怀诸侯则天下畏之。君若安抚怀之，则诸侯服从，兵强土广，故"天下畏之"。

吕氏曰："天下国家之本在身，故修身为九经之本。然必亲师取友，然后修身之道进，故尊贤次之。道之所进，莫先其家，故亲亲次之。由家以及朝廷，故敬大臣、体群臣次之。由朝廷以及其国，故子庶民、来百工次之。由其国以及天下，故柔远

94

人、怀诸侯次之。此九经之序也。"

朱子说：视群臣犹吾四体，视百姓犹吾子，此视臣视民之别也。又说：此言九经之效也。道立，谓道成于己而可为民表，所谓皇建其有极是也。不惑，谓不疑于理。不眩，谓不迷于事。敬大臣则信任专，而小臣不得以间之，故临事而不眩也。来百工则通功易事，农末相资，故财用足。柔远人，则天下之旅皆悦而愿出于其涂，故四方归。怀诸侯，则德之所施者博，而威之所制者广矣，故曰天下畏之。

原 文

齐明盛服①，非礼不动，所以修身也。去谗远色②，贱货而贵德，所以劝贤也。尊其位，重其禄，同其好恶，所以劝亲亲也。官盛任使③，所以劝大臣也。忠信重禄，所以劝士也。时使薄敛④，所以劝百姓也。日省月试，既禀称事⑤，所以劝百工也。送往迎来，嘉善而矜不能⑥，所以柔远人也。继绝世，举废国⑦，治乱持危。朝聘以时⑧，厚往而薄来，所以怀诸侯也。

注 解

①齐明盛服：斋戒沐浴，使身心洁净，身穿盛装。齐，通"斋"。

②谗：说别人的坏话。这里指说坏话的人。

③官盛任使：官员众多，足够听任差遣使用。

④时使：指役使百姓不误农时。薄敛：赋税轻。

⑤省：省察。试：考核。既廪称事：发给的薪水粮米与工作业绩相称。既禀，即"饩廪"，指薪水粮食。称，符合。

⑥嘉善而矜不能：勉励嘉奖善举，体谅宽容失误。矜：怜悯，谅解。

⑦继绝世：延续已经中断的家庭世系。举废国：复兴已经没落的邦国。

⑧持：扶持。朝聘：诸侯定期朝见天子。每年一见叫小聘，三年一见叫大聘，五年一见叫朝聘。

译 文

　　像斋戒那样净心虔诚，穿着庄重整齐的服装，不符合礼仪的事坚决不做，这就是修养自身的原则。驱除小人，疏远女色，看轻财物而重视德行，这就是尊崇贤人的原则。提高亲族的爵位，给他们以丰厚的俸禄，与他们爱憎相一致，这就是亲爱亲族的原则。官员众多足供任使，这就是劝勉大臣的原则。真心诚意地任用他们，并给他们丰厚的俸禄，这就是奖劝士人的原则。使民服役不误农时，少收赋税，这就是勉励百姓的原则。每天省察，每月考核，付给他们的薪水粮米与他们的业绩相称，这就是奖劝工匠的原则。来时欢迎，去时欢送，嘉奖有善行的人，怜恤能力差的人，这就是优待远客的原则。延续绝嗣的家族，复兴废亡的小国，治理祸乱，扶持危弱，按时接受诸侯朝见聘问，赠送丰厚，纳贡菲薄，这就是安抚诸侯的原则。

原文

凡为天下国家有九经，所以行之者一也。凡事豫则立[1]，不豫则废。言前定则不跲[2]，事前定则不困，行前定则不疚[3]，道前定则不穷。

注解

①豫：通"预"，预谋。计划。

②跲：绊倒。此处指说话不顺畅。

③疚：惭愧。

译文

总而言之，治理天下和国家有九条原则，但实行这些原则的方法却只有一个。任何事情，事先有准备就会成功，没有准备就会失败。说话先有准备，就不会语言不畅；做事先有准备，就不会出现困窘；行动先有准备，就不会后悔；道路预先选定，就不会走投无路。

名家评点

孔颖达说：将欲发言，能豫前思定，然后出口，则言得流行，不有踬蹶也。欲为事之时，先须豫前思定，则临事不困。欲为行之时，豫前思定，则行不疚病。欲行道之时，豫前谋定，则道无穷也。

朱子说：一者，诚也。一有不诚，则是九者皆为虚文矣，此九经之实也。又说：凡事，指达道达德九经之属。凡事皆欲先立乎诚。

《礼记正义》曰：人若行不豫前先定，人或不信病害之。既前定而后行，故人不能病害也。

原文

在下位不获乎上，民不可得而治矣。获乎上有道：不信乎朋友，不获乎上矣。信乎朋友有道：不顺乎亲①，不信乎朋友矣。顺乎亲有道：反诸身不诚，不顺乎亲矣。诚身有道：不明乎善，不诚乎身矣。

注解

①顺乎亲：顺从亲人的心意，使父母心情快乐。亲：指父母亲。

译文

在下位的人，如果得不到在上位者的信任，就不可能治理好民众。得到在上位者的信任是有规则的：得不到朋友的信任，就得不到在上位者的信任。得到朋友的信任是有规则的：不能让父母顺心，就得不到朋友的信任。让父母顺心是有规则的：反省自己不真诚，就不能让父母顺心。使自己真诚是有规则的：不明白什么是善，就不能够使自己真诚。

名家评点

郑玄说：臣不得于君，则不得居位治民。知善之为善，乃能行诚。

《礼记正义》曰：此明为臣为人，皆须诚信于身，然后可得之事。

孔颖达说：人臣处在下位，不得于君上之意，则不得居位以治民。臣欲得君上之意，先须有道德信着朋友。若道德无信着乎朋友，则不得君上之意矣。欲得上意，先须信乎朋友也。欲行信着于朋友，先须有道顺乎其亲。若不顺乎其亲，则不信乎朋友矣。欲顺乎亲，必须有道，反于己身，使有至诚。若身不能至诚，则不能"顺乎亲矣"。欲行至诚于身，先须有道明乎善行。若不明乎善行，则不能至诚乎身矣。言明乎善行，始能至诚乎身。能至诚乎身，始能顺乎亲。顺乎亲，始能信乎朋友。信乎朋友，始能得君上之意。得乎君上之意，始得居位治民也。

朱子说：以在下位者，推言素定之意。反诸身不诚，谓反求诸身而所存所发，未能真实而无妄也。不明乎善，谓未能察于人心天命之本然，而真知至善之所在也。

原文

诚者，天之道也；诚之者①，人之道也。诚者，不勉而中，不思而得，从容中道②，圣人也。诚之者，择善而固执之者也③。博学之，审问之，慎思之，明辨之，笃行之④。有弗学，学之弗能，弗措也⑤；有弗问，问之弗知，弗措也；有弗思，思之弗得，弗措也；有弗辨，辨之弗明，弗措也；有弗行，行之弗笃，弗措也。人一能之，己百之；人十能之，己千之。果能比道矣，虽愚必明，虽柔必强。

注解

①诚之：使之诚，自己努力做到诚。诚，是人生来就有的天性。也是人应该遵循的原则。

②从容中道：行为自然，合乎规范。从容：举止行动自然，不慌不忙。中道：合乎规范。

③固执：坚定执著。

④审问：审慎地探问。明辨：明晰地分辨。笃行：笃实地履行。

⑤弗措也：不停止，不放弃，不罢休，不中断，不半途而废。弗：不。措：置。废置，搁置。

译文

真诚，是上天的原则；追求真诚，是做人的原则。天生真诚的人，不用勉强就能做到，不用思考就能拥有，从从容容就能符合中庸之道，这是圣人啊。努力做到真诚的人，就是选择好善的目标执著追求的人。广泛学习，详细询问，周密思考，明确辨别，切实实行。要么不学，学了没有学会绝不罢休；要么不问，问了没有明白绝不罢休；要么不想，想了没有所得绝不罢休；要么不分辨，分辨了没有明确绝不罢休；要么不实行，实行了没有笃实绝不罢休。别人用一分的努力就能做到的，我用一百分的努力去做：别人用十分的努力做到的，我用一千分的努力去做。如果真能够做到这样，虽然愚笨也一定可以聪明起来，虽然柔弱也一定可以刚强起来。

名家评点

郑玄说："诚者"，天性也。"诚之者"，学而诚之者也。因诚身说有大至诚。

《礼记正义》曰：前经欲明事君，先须身有至诚。此经明至诚之道，天之性也。则人当学其至诚之性，是上天之道不为而诚，不思而得。若天之性有杀，信着四时，是天之道。

孔颖达说：人能勉力学此至诚，是人之道也。不学则不得。唯圣人能然，谓不勉励而自中当于善，不思虑而自得于善，从容间暇而自中乎道，以圣人性合于天道自然，故云"圣人也"。由学而致此至诚，谓贤人也。言选择善事，而坚固执之，行之不已，遂致至诚也。又说：身有事，不能常学习，当须勤力学之。学不至于能，不措置休废，必待能之乃已也。以下诸事皆然。他

少年读大学·中庸

人性识聪敏，一学则能知之，己当百倍用功而学，使能知之，言己加心精勤之多，恒百倍于他人也。又说：若决能为此百倍用功之道，识虑虽复愚弱，而必至明强。此劝人学诚其身也。

朱子说：承上文诚身而言。诚者，真实无妄之谓，天理之本然也。诚之者，未能真实无妄，而欲其真实无妄之谓，人事之当然也。圣人之德，浑然天理，真实无妄，不待思勉而从容中道，则亦天之道也。未至于圣，则不能无人欲之私，而其为德不能皆实。故未能不思而得，则必择善，然后可以明善；未能不勉而中，则必固执，然后可以诚身，此则所谓人之道也。不思而得，生知也。不勉而中，安行也。择善，学知以下之事。固执，利行以下之事也。又说：此诚之之目也。学、问、思、辨，所以择善而为知，学而知也。笃行，所以固执而为仁，利而行也。又说：五者废其一，非学也。又说：君子之学，不为则已，为则必要其成，故常百倍其功。此困而知，勉而行者也，勇之事也。又说：明者择善之功，强者固执之效。

吕氏曰：君子所以学者。为能变化气质而已。德胜气质，则愚者可进于明，柔者可进于强。不能胜之，则虽有志于学，亦愚不能明，柔不能立而已矣。盖均善而无恶者，性也，人所同也；昏明强弱之禀不齐者，才也，人所异也。诚之者所以反其同而变其异也。夫以不美之质，求变而美，非百倍其功，不足以致之。今以卤莽灭裂之学，或作或辍，以变其不美之质，及不能变，则曰天质不美，非学所能变。是果于自弃，其为不仁甚矣！

102

诚　明

诚，就是心地坦荡，不怀功利，没有杂念，怀有美好的愿望。

"诚"就是真实无妄。真诚与伪善是两种不同的处世态度。

在诚实的人眼中，世界是美好的，因为他觉得自己真心待人，无欲无求，是可以信赖的，也就认为，别人也同样是可以信任的，所以他不必怀有顾虑，也就没有必要背负歉疚。

信守诚笃的人，说出的都是真话，因为这是他的天性，他不会说谎，也不知道如何说谎。而伪善的人，也会说出真话，但是他说出的真话是有条件的，是怀有算计的，是为了达到某种目的。虽然可能得到他想要的，但这只是暂时的寄存，不可能长久拥有。

自诚明①，谓之性；自明诚②，谓之教。诚则明矣③，明则诚矣。

注 解

①自：从，由。明：明白。

②自：因为，由于。

③明：洞察。

译 文

由真诚而自然明白道理，这叫做天性；由明白道理后做到真诚，这叫做人为的教育。真诚也就会自然明白道理，明白道理后，也就会做到真诚。

名家评点

郑玄说：由至诚而有明德，是圣人之性者也。由明德而有至诚，是贤人学以知之也。有至诚则必有明德，有明德则必有至诚。

《礼记正义》曰：天性至诚，或学而能。两者虽异，功用则相通。

孔颖达说：圣人天性至诚，则能有明德，由至诚而致明也。贤人由身聪明习学，乃致至诚。是诚则能明，明则能诚，优劣虽异，二者皆通有至诚也。

朱子说：德无不实而明无不照者，圣人之德。所性而有者也，天道也。先明乎善，而后能实其善者，贤人之学。由教而入者也，人道也。诚则无不明矣，明则可以至于诚矣。

尽 性

题 解

诚是自然界中万物的本然状态，是万物天性的自然呈现。

诚又是内心认识的自然流露，是万物发展变化过程的主观反映。

真诚者能把自己善性发挥到极处，以这样的态度关怀人，也会使别人的善性发挥到极处。万物也会得到关照，也会得其所，遂其生。

至诚之人天性坦荡，心灵透明，对于事物不虚美，不巧饰，自然自在。就像花蕾的盛开，对着太阳绽放。就像种子，无论受到什么挤压，都向着太阳生长。

天地以其至诚，令一切的诈伪无处躲藏。

原 文

唯天下至诚，为能尽其性；能尽其性[①]，则能尽人之性；能尽人之性，则能尽物之性；能尽物之性，则可以赞天地之化育[②]；可以赞天地之化育，则可以与天地参矣[③]。

注 解

①尽其性：充分发挥本性。尽：最，达到极致。

②赞：赞助。化育：化生和养育。

③与天地参：与天地并立为三。朱熹注："谓与天地并立为三也。"参：古通"三"。

只有修养达到天下至诚的人才能彻悟天地万物运行的至理。通达天地至德万物至理，就能够极大地发挥人的天性。充分地发挥人的天性，就能够完全合理地发挥和利用万物的天性而达到物得其育、物尽其用。能够使天地万物的天性得其所成，那么这种修养是可以得到与天地化育万物的至德同样崇高的赞美；能够得到与天地至德相媲美的赞扬称颂，这种修养的大德是完全可以称之为与日月同辉、与天地并列为三了。

名家评点

郑玄说：尽性者，谓顺理之使不失其所也。助天地之化生，谓圣人受命在王位致大平。

《礼记正义》曰：天性至诚，圣人之道也。

孔颖达说：天下之内，至极诚信为圣人也。以其至极诚信，与天地合，故能"尽其性"。既尽其性，则能尽其人与万物之性，是以下云"能尽人之性"。既能尽人性，则能尽万物之性，故能赞助天地之化育，功与天地相参。

朱子说：天下至诚，谓圣人之德之实，天下莫能加也。尽其性者德无不实，故无人欲之私，而天命之在我者，察之由之，

巨细精粗，无毫发之不尽也。人物之性，亦我之性，但以所赋
形气不同而有异耳。能尽之者，谓知之无不明而处之无不当也。

致 曲

题 解

上章谈的是圣人，这章说的是一般的人。

无论什么人，无论做什么事，只要心无旁骛地专心一意去做，那么通过至诚努力，就会达到一定的境界而使自己不朽。

"曲"为一偏，也就是指贤人以下的人某一方面的善性，如对此能真诚发挥，就会充分表露，而且越来越光明显著，从而进一步凝聚感动他人的力量，感化他人向善，这样也就可以和圣人一样了。

原 文

其次致曲①，曲能有诚。诚则形，形则著②。著则明③，明则动。动则变，变则化④。唯天下至诚为能化。

注 解

①其次：次一等的人，即次于"自诚明"的圣人的人，也

就是贤人以下之人。致曲：致力于某一方面的善端。曲，偏，一个方面。

②形：这里指显露、表现。著：昭著，显著。

③明：光明。阐扬。

④变：变革。化：即化育。

译文

一般的人致力于某一个善端，致力于某一个善端，也就能做到真诚。做到了真诚就会表现出来，表现出来就会逐渐显著。显著了就会发扬光大，发扬光大就会感动他人。感动他人就会引起转变，引起转变就能化育万物。只有天下最真诚的人才能化育万物。

名家评点

郑玄说：不能尽性而有至诚，于有义焉而已，形谓人见其功也。尽性之诚，人不能见也。

《礼记正义》曰：由明而致诚，是贤人，次于圣人。贤人习学而致至诚，贤人致行细小之事不能尽性，于细小之事能有至诚也。

孔颖达说：不能自然至诚，由学而来，故诚则人见其功。初有小形，后乃大而明。若天性至诚之人不能见，则不形不著也。由著故显明，由明能感动于众。既感动人心，渐变恶为善，变而既久，遂至于化。言恶人全化为善，人无复为恶也。唯天下学致至诚之人，为能化恶为善，改移旧俗。不如前经天生至诚，能尽其性，与天地参矣。

朱子说：盖人之性无不同，而气则有异，故唯圣人能举其性之全体而尽之。其次则必自其善端发见之偏，而悉推致之，以各造其极也。曲无不致，则德无不实，而形、著、动、变之功自不能已。积而至于能化，则其至诚之妙，亦不异于圣人矣。

前　知

　　心诚则灵。灵到能预知未来吉凶祸福的程度，这似乎有些夸大。"国家将兴，必有征祥；国家将亡，必有妖孽"的现象，虽然历代的正史野史记载很多，但毕竟有点神秘。其实，撩开神秘的迷雾，这里的意思不外乎是说，由于心灵达到了至诚的境界，不被私心杂念所迷惑，就能洞悉世间万物的根本规律，因此而能够预知未来的吉凶祸福、兴亡盛衰。一言以蔽之，无非是强调真诚的出神入化的功用罢了。

　　人生的幸福首先取决于自己的勤奋。只要播种的是麦子而不是莠草，必定会有收获。人生成就的大小，唯在于奉行至诚的理念，正如"执玉高卑，其容俯仰"。只有自己首先真诚，真诚人做真诚事，才能感天动地，成就自己。然后才能对人诚实，从而成就别人。

可以说，心诚则灵，至诚与天地同辉。

原 文

至诚之道，可以前知①。国家将兴，必有祯祥②；国家将亡，必有妖孽③。见乎蓍龟，动乎四体④。祸福将至：善，必先知之；不善，必先知之。故至诚如神⑤。

注 解

①前知：预先知道。

②祯祥：预先萌发的吉祥的征兆。《说文》："祯祥者，言人有至诚，天地不能隐，如文王有至诚，招赤雀之瑞也。"国境内原本就有，如今出现奇异的品种，叫做祯。本来没有，今却新生，叫做祥。何胤说："国本有雀，今有赤雀来，是祯也。国本无凤，今有凤来，是祥也。"

③妖孽：物类反常的事物。草木之类称妖，虫豸之类称孽。是凶恶灾祸将要发生的预兆，这里是指凶恶的物种侵入成为妖伤的征象。

④见：同"现"，呈现。蓍龟：蓍草和龟甲，用来占卜。《易·系辞上》："探赜索隐，钩深致远，以定天下之吉凶，成天下

之亹亹者，莫大乎蓍龟。"四体：四肢。即龟的四足，指动作仪态。

⑤如神：像鬼神一样微妙，不可言说。

译文

最高的真诚，可以预知未来。国家将要兴旺，必然有吉祥的征兆；国家将要衰亡，必然有不祥的反常现象。呈现在蓍草龟甲上，表现在手脚动作上。祸福将要来临时：是福，可以预先知道；是祸，也可以预先知道。所以最高的真诚就像神灵一样微妙。

名家评点

郑玄说：天不欺至诚者也。祯祥、妖孽，蓍龟之占，虽其时有小人、愚主，皆为至诚能知者出也。

《礼记正义》曰：圣人、贤人俱有至诚之行，天所不欺，可知前事。又曰：圣人君子将兴之时，或圣人有至诚，或贤人有至诚，则国之将兴，祯祥可知。而小人、愚主之世无至诚，又时无贤人，亦无至诚，所以得知国家之将亡而有妖孽者，虽小人、愚主，由至诚之人生在乱世，犹有至诚之德，此妖孽为有至诚能知者出也。

孔颖达说：国家之将兴，必先有嘉庆善祥也。至诚之道，先知前事，如神之微妙。

朱子说：凡此皆理之先见者也。然唯诚之至极，而无一毫私伪留于心目之间者，乃能有以察其几焉。

111

自 成

题 解

儒家强调道德自我觉醒。人要真诚，要自觉的行道。真实，从自然的方面来说，是事物的根本规律，是事物的发端和归宿；真诚，从人的方面来说，就是无私奉献和专注投入的精神，就是宽广的胸襟与宽厚包容的气度，就是自我的内心完善。所以，要修养真诚就必须做到物我同一。唯有真诚能够陪伴我们走向永远。

这里最值得注意的是真诚的外化问题，也就是说，真诚不仅仅像我们一般所理解的是一种主观内在的品质，自我的道德完善，而且还要外化到他人和一切事物当中去。这叫"合外内之道"。自己真诚了，他人真诚了，真诚无处不在，无时不有，世界也就美好无欺了。自己要真诚的东西最主要的是仁和智两种品德，都是靠诚来起作用，因时而施之，天下万物都会停停当当，妥妥帖帖。

原 文

诚者自成也，而道自道也①。诚者物之终始，不诚无物。是故君子诚之为贵。诚者，非自成己而已也②，所以成物也。成己，仁也；成物，知也③。性之德也，合外内之道也，故时措之宜也④。

注解

①自成：自我成全，也就是自我完善的意思。自道：自我引导，自我设计。

②成己：完善自己。

③知：同"智"。

④时措：日常行为举措。

译文

真诚是自我完善的，道是自己运行的。真诚是事物的发端和归宿，没有真诚就没有了事物。因此君子以真诚为贵。不过，真诚并不是自我完善就够了，而是还要完善事物。自我完善是仁，

完善事物是智。仁和智是出于本性的德行，是融合自身与外物的准则，因此，无论何时何地，只要心怀以诚，就是中道。

名家评点

郑玄说：人能至诚，所以"自成"也。有道艺所以自道达。

郑玄说：大人无诚，万物不生，小人无诚，则事不成。贵至诚。

又说：以至诚成己，则仁道立。以至诚成物，则知弥博。此五

性之所以为德也，外内所须而合也，外内犹上下。

孔颖达说：人有至诚，非但自成就己身而已，又能成就外物。若成能就己身，则仁道兴立，若能成就外物，则知力广远，诚者是人五性之德，则仁、义、礼、知、信皆犹至诚而为德，至诚之行合于外内之道，无问外内，皆须至诚。于人事言之，有外有内，于万物言之，外内犹上下。上谓天，下谓地。天体高明，故为外；地体博厚闭藏，故为内也。是至诚合天地之道也。至诚者成万物之性，合天地之道，故得时而用之，则无往而不宜。

朱子说：诚者物之所以自成，而道者人之所当自行也。诚以心言，本也；道以理言，用也。又说：天下之物，皆实理之所为，故必得是理，然后有是物。所得之理既尽，则是物亦尽而无有矣。故人之心一有不实，则虽有所为亦如无有，而君子必以诚为贵也。盖人之心能无不实，乃为有以自成，而道之在我者亦无不行矣。又说：诚虽所以成己，然既有以自成，则自然及物，而道亦行于彼矣。仁者体之存，知者用之发，是皆吾性之固有，而无内外之殊。既得于己，则见于事者，以时措之，而皆得其宜也。

无　息

题　解

至诚是万物天性的自然之成，贯穿于天地万物之中，是自然演化的内在核心。

圣人是至诚的，最大的真诚是永远不会间断的。不间断就能持久，内心长久如此，就会发于外，就会久远。长期积累，就会博厚，进到高明境界，从而可以和天地相比，承载万物，覆盖万物。说到底，还是强调由真诚的追求而达到与天地并列为三，从而化生万物的终极目的。所以，命运是可以预知的，在于慎微与自律，在于觉悟与把握，在于至诚。

天地生物之道和圣人是一样的，都是真实无妄的。天地也展现了博厚、高明、悠久，所以圣人是和天地同德的。

最后引诗颂扬文王的道德是纯真的，发用是不停止的，和天道是相通的。这实际上把人的作用提升了，由被动的适应自然转为主动的配合自然。

原文

故至诚无息①。不息则久，久则征②。征则悠远，悠远则博厚，博厚则高明。博厚，所以载物也③；高明，所以覆物也④；悠久，所以成物也⑤。博厚配地，高明配天，悠久无疆⑥。如此者，不见而章⑦，不动而变，无为而成。

注解

①无息：不间断，不休止。

②征：征验，显露于外。

③载物：负载万物。

④覆物：覆盖万物。

⑤成物：成就万物。

⑥无疆：没有尽头。

⑦不见而章：虽然不刻意显露，也会自然彰显出来。见：显露，显现。章：同"彰"，彰显。

译 文

所以，至诚是没有止境的。没有止境就会保持长久，保持长久就会显露出来，显露出来就会悠久长远，悠久长远就会广博深厚，广博深厚就会高大光明。广博深厚，能以承载万物，高大光明，能以覆盖万物；悠远长久，能以成就万物。广博深厚可以与地相配，高大光明可以与天相配，悠远长久则是永无止境。达到这样的境界，不显现也会自然明显，不运动也会自然变化，无所作为也会有所成就。

名家评点

郑玄说：至诚之德既着于四方，其高厚日以广大也。又说：后言悠久者，言至诚之德，既至"博厚"、"高明"，配乎天地，又欲其长久行之。

孔颖达说：至诚之德，所用皆宜，无有止息，故能久远、博厚、高明以配天地也。又说：以其不息，故能长久也。以其久行，故有征验。又说：若事有征验，则可行长远也。以其德既长远，无所不周，养物博厚，则功业显著。又说：以其德博厚，所以负载于物。以其功业高明，所以覆盖于万物也。以行之长久，能成就于物，此谓至诚之德也。又说：圣人之德博厚配偶于地，与地同功，能载物也。圣人功业高明配偶于天，与天同功，能覆物也。圣人之德既能覆载，又能长久行之，所以无穷。又说：圣人之德如此博厚高明悠久，不见所为而功业章显，不见动作而万物改变，无所施为而道德成就。

朱子说：既无虚假，自无间断。又说：久，常于中也。征，验于外也。又说：存诸中者既久，则验于外者益悠远而无穷矣。悠远，故其积也广博而深厚；博厚，故其发也高大而光明。又说：悠久，即悠远，兼内外而言之也。本以悠远致高厚，而高厚又悠久也。此言圣人与天地同用。又说：此言圣人与天地同体。

原文

天地之道，可一言而尽也①：其为物不贰，则其生物不测②。天地之道：博也、厚也、高也、明也、悠也、久也。今夫天，斯昭昭之多③，及其无穷也，日月星辰系焉④，万物覆焉。今夫地，一撮土之多⑤，及其广厚，载华岳而不重，振河海而不泄⑥，万物载焉。今夫山，一卷石之多⑦，及其广大，草木生之。禽兽居之，宝藏兴焉。今夫水，一勺之多，及其不测⑧，鼋鼍蛟龙鱼鳖生焉⑨，货财殖焉。

注解

①一言：即一字。这里指"诚"字。

②物：指天地。不贰：专一。诚就是专一，所以不贰。物：指万物。不测：不可测废。这里指生物之多。

③斯昭昭之多：这是由众多的一个个小的天体的光芒汇聚积累。斯：此。昭昭：明亮，光明。郑玄曰："犹耿耿，小明也。"《楚辞·九歌·云中君》："烂昭昭兮未央。"

④日月星辰系：太阳、月亮、星体运行着。星辰：星系，天体。系：悬游，运行。

⑤撮：容量单位。一撮为一升的千分之一。意为很少。

⑥华岳：即华山。振：整顿，整治，引申为约束。

⑦一卷石：一拳头大的石头。卷，通"拳"。

⑧不测：不可测度。这里指浩瀚无涯。

⑨鼋：大鳖。鼍：扬子鳄。

译文

天地的法则，可以用一个"诚"字就概括尽了：作为天地没有两个，而它生成万物则是不可计算的。天地的法则：就是广博、深厚、高大、光明、悠远、长久。今天我们所说的天，从小处看只是一点点的光明，可到它无边无际时，日月星辰都靠它维系。世上万物都靠它覆盖。今天我们所说的地，从小处看只是一撮土，可到它广博深厚时，承载像华山那样的崇山峻岭也不觉得重，容纳那众多的江河湖海也不会泄漏，世上万物都由它承载。今天我们所说的山，从小处看只是拳头大的石块，可到它高大无比时，草木在上面生长，禽兽在上面居住，宝藏在里面储藏。今天我们所说的水，从小处看只是一勺之多，可到它浩瀚无涯时，鼋鼍蛟龙鱼鳖等都在里面生长，各种有价值的东西都在里面繁殖。

名家评点

郑玄说：其德化与天地相似，可一言而尽，要在至诚。至诚无贰，乃能生万物多无数也。又说：天之高明，本生"昭昭"；地之博厚，本由"撮土"；山之广大，本起"卷石"；水之不测，本从"一勺"：皆合少成多，自小致大，为至诚者，以如此乎！

孔颖达说：圣人之德能同于天地之道，欲寻求所由，可一句之言而能尽其事理，正由于至诚，圣人行至诚，接待于物不有差贰，以此之故，能生殖众物不可测量。又说：天初时唯有此昭昭之多小貌尔，土之初时唯一撮土之多，地之广大，载五岳而不重，振收河海而不漏泄。山之初时唯一卷石之多，多少唯一卷石耳。水初时多少唯一勺耳。此以下皆言为之不已，从小至大。然天之与地，造化之初，清浊二气为天地，分而成二体，元初作盘薄穹隆，非是以小至大。今云"昭昭"与"撮土"、"卷石"与"勺水"者何？但山或垒石为高，水或众流而成大，是从微至着。因说圣人至诚之功亦是从小至大，以今天地体大，假言由小而来，以譬至诚，非实论也。

朱子说：复以天地明至诚无息之功用。天地之道，可一言而尽，不过曰诚而已。不贰，所以诚也。诚故不息，而生物之多，有莫知其所以然者。又说：天地之道，诚一不贰，故能各极所盛，而有下文生物之功。又说：指其一处而言之。及其无穷，犹及其至也之意，盖举全体而言也。皆以发明由其不贰不息以致盛大而能生物之意。然天、地、山、川，实非由积累而后大，读者不以辞害意可也。

朱子说：《礼记正义》曰：至诚不已，则能从微至着，从小至大。

原文

诗云[1]："唯天之命。於穆不已[2]。"盖曰天之所以为天也。"于乎不显[3]，文王之德之纯！"盖曰文王之所以为文也。纯亦不已。

注解

①《诗》云：此诗引自《诗经·周颂·维天之命》。

②於：语气词。穆：肃穆。不已：不停止。

③不：通"丕"，大。显：明显。

译文

《诗经·周颂·维天之命》说："天道的运行，多么肃穆啊，永远不会停止！"这大概说的是天之所以为天的道理吧。此诗又说："啊！多么显赫光明啊，文王的道德是那样纯正！"这大概说的是文王之所以被称为文王的道理，他的纯正也是没有止息的。

名家评点

郑玄说：天所以为天，文王所以为文，皆由行之无己，为之不止，如天地山川之云也。《易》曰"君子以顺德，积小以成高大"是与。

孔颖达说：《诗》称"维天之命"，谓四时运行所为教命。美之不休已也。诗人叹之云，于乎不光明乎，言光明矣。文王德教不有休已，与天同功。

程子曰："天道不已，文王纯于天道，亦不已。纯则无二无杂，不已则无间断先后。"朱子说：引此以明至诚无息之意。

明 哲

题 解

本章首先盛赞圣人之道。认为它像天一样广博浩瀚，能生养万物，这使人想到《易经》中"天地大德曰生"。圣人之道所以能生养万物，因为其道的核心是仁，有了它，天地万物就会在和风细雨中生长化育。

那么什么是圣人之道呢？诚实、友善、淳朴、敦厚……这些品质，是圣人之道的初级表现，对于人生来说，都是不可缺少的。然而这些并非圣人之道的全部。圣人之道必须由高尚道德的人来承担，礼仪也必须由高尚道德的人来实行。

《礼记正义》曰：圣人之道高大，苟非至德，其道不成。最高的道和最高的德是相连接的，但成就高尚道德谈何容易，必须加强修养。所以君子应该既尊崇道德又追求学问，使二者结合起来。做到这样，才能体现至高的圣人之道。

最后讲到智。人有不同的社会地位，需要做到"居上不骄，为下不倍"，素位而行。《论语·宪问》中孔子说："邦有道，危言危行；邦无道，危行言逊。"这里和孔子思想交相辉映。这一思想大概启发了孟子，所以他说"穷则独善其身，达则兼善天下"（《孟子·尽心上》）。

章末引用《诗经》，说明只有既明事理又有智慧的人，才能在进退各个人生仕途中周旋，既不失其道，又能保护其身。

原文

大哉圣人之道！洋洋乎①！发育万物，峻极于天②。优优大哉③！礼仪三百，威仪三千④，待其人而后行⑤。故曰苟不至德，至道不凝焉⑥。故君子尊德性而道问学，致广大而尽精微⑦，极高明而道中庸⑧。温故而知新，敦厚以崇礼。是故居上不骄，为下不倍⑨。国有道，其言足以兴；国无道，其默足以容⑩。《诗》曰⑪："既明且哲⑫，以保其身。"其此之谓与？

注　解

①洋洋：盛大，浩瀚无边。

②峻极：高峻到极点。

③优优：平和，宽裕。自然从容。

④礼仪：古代礼节的主要规则，又称经礼。威仪：古代典礼中的动作规范及待人接物的礼节，又称曲礼。

⑤其人：指圣人。

⑥苟不至德：如果没有极高的德行。苟，如果。凝：凝聚，引申为成功。

⑦道问学：讲论学问。道：讲论。致：推致。尽：达到。

⑧极：极至，达到最高点。高明：指德行的最高境界。道：遵行。

⑨倍：通"背"，背弃，背叛。

⑩默：沉默。容：容身。这里指保全自己。

⑪《诗》曰：此诗引自《诗经·大雅·烝民》。

⑫哲：智慧。这里指通达事理。

译　文

伟大啊，圣人的道！浩瀚无边！生养万物，与天一样崇高。多么平和而从容啊！大的礼仪有三百项，细的仪节有三千条，这些都有待于有德之人来施行。所以说，如果不具备崇高的德行，就不能凝聚极高的道。因此，君子尊崇道德而又追求学问，既达到广博的地位而又穷尽精微之处，既达到高明的境界而又遵循中庸之道。温习已有的知识从而获得新知识，以至诚之心崇尚礼仪，行为中矩，符合礼节。所以身居高位不骄傲，身在低位而不悖逆。国家政治清明时，他的言论足以振兴国家；国家政治黑暗时，他的沉默足以保全自己。《诗经·大雅·烝民》说："既明智又通达事理，可以保全自身。"大概说的就是这个意思吧？

名家评点

郑玄说：为政在人，政由礼也。

孔颖达说：圣人之道，高大与山相似，上极于天。又说：圣人优优然宽裕其道。又说：三百、三千之礼，必待贤人然后施行其事。又说：古语先有其文，今夫子既言三百、三千待其贤人始行，故引古语证之。苟诚非至德之人，则圣人至极之道不可成也。又说：贤人行道由于问学，谓勤学乃致至诚也。贤人由学能致广大，如地之生养之德也。致其生养之德既能致于广大，尽育物之精微，言无微不尽也。贤人由学极尽天之高明之德。又能通达于中庸之理也。贤人由学既能温寻故事，又能知新事也。以敦厚重行于学，故以尊崇三百、三千之礼也。又说：若无道之时，则韬光潜默，足以自容其身，免于祸害。宣王任用仲山甫，能显明其事任，且又圣哲知保全其己身，言中庸之人亦能如此。

朱子说：道之极于至大而无外也。又说：道之入于至小而无闲也。又说：尊德性，所以存心而极乎道体之大也。道问学，所以致知而尽乎道体之细也。二者修德凝道之大端也。不以一

124

毫私意自蔽，不以一毫私欲自累，涵泳乎其所已知。敦笃乎其所已能，此皆存心之属也。析理则不使有毫厘之差，处事则不使有过不及之谬，理义则曰知其所未知，节文则曰谨其所未谨，此皆致知之属也。盖非存心无以致知，而存心者又不可以不致知。故此五句，大小相资，首尾相应，圣贤所示入德之方，莫详于此，学者宜尽心焉。

《礼记正义》曰：君子欲行圣人之道，当须勤学。又说：贤人学至诚之道，中庸之行，若国有道之时，尽竭知谋，其言足以兴成其国。

自 用

本章所引孔子的话否定了那种"生乎今之世反古之道"的人，这与一般认为孔子主张"克己复礼"的看法似乎有些冲突。其实，孔子所要复的礼，恰好是那种"今用之"的"周礼"，而不是"古之道"的"夏礼"和"殷礼"。因为按孔子话说，夏礼已不可考证，而殷礼虽然还在他的先世之国宋国那里残存着，但毕竟不是"当世之法"（朱熹语），也已是过去的了。所以，从本章所引孔子的两段话来看，的确不能随意给他加上复古帽子。

中庸之道的本质，就是合乎自然，顺乎人情，适乎时宜。《礼记·正义》说："上经论贤人学至诚，商量国之有道无道能或语或默，以保其身。若不能中庸者，皆不能量事制宜，必及祸患矣。因明己以此之故，不敢专辄制作礼乐也。"而孔子有其德而无其位，故只能是"从周"而已。

所以遵循中庸之道，就是做好自己该做的事，不越位，不退缩，承担自己该担负的责任，忠于自己肩负的使命，不做自己力所不及的事情。

原 文

子曰："愚而好自用，贱而好自专①。生乎今之世，反古之道②。如此者，灾及其身者也。"非天子，不议礼，不制度，不考文③。今天下车同轨④，书同文，行同伦⑤。虽有其位。苟无其德，不敢作礼乐焉⑥，虽有其德，苟无其位，亦不敢作礼乐焉。子曰："吾说夏礼，杞不足证也⑦；吾学殷礼，有宋存焉⑧；吾学周礼⑨，今用之，吾从周⑩。"

注 解

①自用：自以为是，刚愎自用的意思。自专：独断专行。

②反：通"返"，引申为复兴、复辟的意思。

③议礼：议订礼制。制度：在这里作动词用，指制订法度。
考文：考察文化传承。文：礼乐法度。指以礼乐教化治理国家
的政治措施。

④车同轨：车子两轮间的距离遵从相同的标准。轨：车辙。

⑤书同文：指字体统一。行同伦：指伦理道德相同。

⑥作：改作。即修订创制。乐：音乐，指文化艺术。通过
礼乐教化治理天下。

⑦夏礼：夏朝的礼制。杞：国名，传说周武王封夏禹的后
代于此，故城在今河南杞县。征：验证。

⑨殷礼：殷朝的礼制。宋：国名，商汤的后代居此，故城
在今河南商丘县南。

⑨周礼：周朝的礼制。

⑩以上这段孔子的话散见于《论语·八佾》《论语·为政》。

译 文

孔子说："愚昧却喜欢自以为是，卑贱却喜欢独断专行，生于
现在却要返回古代道路上去。这样做，灾祸一定会降临到他的身
上。"不是天子就不要议订礼制，不要制订法度，不要考订规范
文字。现在天下车子的轮距一致，文字的字体统一，伦理道德相
同。虽有相应的地位，如果没有相应的德行，是不敢制作礼乐制
度的；虽有相应的德行，如果没有相应的地位，也是不敢制作礼
乐制度的。孔子说："我述说夏朝的礼制，夏的后裔杞国已不足以
验证它；我学习殷朝的礼制，殷的后裔宋国还残存着它；我学习

周朝的礼制，现在还实行着它，所以我遵从周礼。"

名家评点

郑玄说："反古之道"，谓晓一孔之人，不知今王之新政可从。又说：此天下所共行，天子乃能一之也。又说：作礼乐者，必圣人在天子之位。又说：吾能说夏礼，顾杞之君不足与明之也。

孔颖达说：寻常之人，不知大道。若贤人君子，虽生今时，能持古法，故《儒行》云"今人与居，古人与稽"是也。又说：礼由天子所行，既非天子，不得论议礼之是非。不敢制造法度，及国家宫室大小高下及车舆也。亦不得考成文章书籍之名也。又说：人所行之行，皆同道理。又说：当孔子时，礼坏乐崩，家殊国异，而云此者，欲明己虽有德，身无其位，不敢造作礼乐，故极行而虚己，先说以自谦也。

朱子说：三者皆同，言天下一统也。又说：三代之礼，孔子皆尝学之而能言其意；但夏礼既不可考证，殷礼虽存，又非当世之法，唯周礼乃时王之制，今日所用。孔子既不得位，则从周而已。

《礼记正义》曰：上文孔子身无其位，不敢制作二代之礼，夏、殷不足可从，所以独从周礼之意，因明君子行道，须本于身，达诸天地，质诸鬼神，使动则为天下之道，行则为后世之法，故能早有名誉于天下。盖孔子微自明己之意。

三　重

题　解

　　吕氏曰:"三重,谓议礼、制度、考文。"即统一的制度,统一的礼节仪式,统一的书写文字。王者重此,就会使"国不异政,家不殊俗",便会减少过失。

　　"凡治民之体,先当治心。心者,一身之主,百行之本。"(《周书·苏绰传》)治理民众的根本,其首先应当从思想上予以教化,使他们从内心拥戴。因为思想是人身心行为的主宰,是一切行为的本原。民心就是天意,具有高尚品德的王者与天道合一。能王天下的人所持之道,必须要本诸自身道德,身体力行,取信于民,还要经得起历史考验,不悖于自然规律,使造化也无疑问,即使圣人再起,也改变不了,做到既知自然规律,又要知社会人生,这样言动都可成为天下的道理、法度、准则,远近都是众望所归,而获得天下人的普遍赞誉。

原　文

　　王天下有三重焉①,其寡过矣乎!上焉者②,虽善无征,无征不信,不信民弗从。下焉者,虽善不尊③,不尊不信,不信民弗从。

注解

①王天下：做天下之王，统治天下。王，作动词，称王。三重：指上一章所说的三件事：仪礼、制度、考文。

②上焉者：指夏、商时代的礼制。

③下焉者：指在下位的人，如孔子。不尊：没有尊位。

译文

治理天下能够做好预订礼仪、制订法度、考订文字这三件重大的事，那就很少有过失了！夏商的制度虽好，但没有验证，如果没有验证的话，就不能使人信服，不能使人信服，老百姓就不会遵从。像孔子这样身在下位的人，虽然有美德，但没尊贵的地位，没尊贵的地位，也不能使人信服，不能信服，老百姓就不会听从。

名家评点

郑玄说：上，谓君也。君虽善，善无明征，则其善不信也。下，谓臣也。臣虽善，善而不尊君，则其善亦不信也。征或为"证"。

孔颖达说：为君王有天下者，有三种之重焉，谓夏、殷、周三王之礼，其事尊重，若能行之，寡少于过矣。又说：为君虽有善行，无分明征验，则不信著于下，既不信著，则民不从。臣所行之事，虽有善行而不尊，不尊敬于君，则善不信著于下，既不信著，则民不从，故下云"征诸庶民"，谓行善须有征验于庶民也。皇氏云"无征，谓无符应之征"，其义非也。

吕氏曰："三重，谓议礼、制度、考文。唯天子得以行之，则国不异政，家不殊俗，而人得寡过矣。"

朱子说：上焉者，谓时王以前，如夏、商之礼虽善，而皆不可考。下焉者，谓圣人在下，如孔子虽善于礼，而不在尊位也。

原　文

故君子之道，本诸身，征诸庶民①，考诸三王而不缪，建诸天地而不悖②，质诸鬼神而无疑，百世以俟圣人而不惑③。质诸鬼神而无疑，知天也；百世以俟圣人而不惑，知人也。是故君子动而世为天下道④，行而世为天下法，言而世为天下则。远之则有望⑤，近之则不厌。

注　解

①本诸身：本源于自身。征：验证。

②三王：指夏、商、周三代君王。缪：通"谬"，谬误。建：立。悖：违背。

③质：质疑，证实，求证。一说为卜问。疑：疑虑。俟：

等待。

　　④世为天下道：世世代代成为天下效仿的榜样。世：世代。道：道路，楷模。一说通"导"，先导。

　　⑤望：威望，仰望。令人敬仰，使人仰慕。

译　文

　　所以君子治理天下应该以自身的德行为根本，并从老百姓那里得到验证。考查夏、商、周三代先王的制度而没有违背的地方，立于天地之间而不悖逆自然，质证于鬼神而没有疑问，等到百世以后圣人出现也不会产生疑惑。质证于鬼神而没有疑问，这是因为知道天理；等到百世以后圣人出现也不会产生疑惑，这是因为知道人情。因此君子的举动能世世代代为天下的先导，行为能世世代代成为天下的法度，语言能世世代代成为天下的准则。距离君子远的人常有仰望之情，距离君子近的人也没有厌倦之意。

名家评点

　　郑玄说：知天、知人，谓知其道也。鬼神，从天地者也。《易》曰："故知鬼神之情状，与天地相似。"圣人则之，百世同道。又说：用其法度，想思若其将来也。

　　孔颖达说：君臣为善，须有征验，民乃顺从，故明之也。君子行道，先从身起，立身行善，使有征验于庶民。若晋文公出定襄王，示民尊上也；伐原，示民以信之类也。己所行之事，考校与三王合同，不有错缪也。己所行道，建达于天地，而不有悖逆，谓与天地合也。又说：己所行之行，正诸鬼神不有疑惑，是识知天道也。此鬼神，是阴阳七八、九六之鬼神生成万物者。此是天地所为，既能质正阴阳，不有疑惑，是识知天道也。以圣人身有圣人之德，垂法于后，虽在后百世亦堪俟待。后世世之圣人，其道不异。又说：圣人之道，为世法则，若远离之则有企望，思慕之深也。若附近之则不厌倦，言人爱之无已。

朱子说：此君子，指王下者而言。其道，即议礼、制度、考文之事也。本诸身，有其德也。征诸庶民，验其所信从也。立于此而参于彼也。天地者，道也。鬼神者，造化之迹也。百世以俟圣人而不惑，所谓圣人复起，不易吾言者也。又说：知天知人，知其理也。又说：动，兼言行而言。道，兼法则而言。法，法度也。则，准则也。

原文

《诗》曰①："在彼无恶，在此无射②。庶几夙夜，以永终誉③。"君子未有不如此而蚤有誉于天下者也④。

注解

①《诗》云：此诗引自《诗经·周颂·振鹭》。

②射：《诗经》本作"斁"，厌弃的意思。

③庶几：几乎。夙夜：早晚。永：永远。终：通"众"。誉：赞誉。

④夙：即"早"。

译 文

《诗经·周颂·振鹭》说："在那里没有人憎恶，在这里没有人厌烦。希望日夜操劳啊，使众人永远赞誉。"君子没有不这样做而能够早早在天下获得名望的。

名家评点

孔颖达说：微子来朝，身有美德，在彼宋国之内，民无恶之，在此来朝，人无厌倦。故庶几夙夜，以长永终竟美善声誉。君子之德亦能如此，故引《诗》以结成之。欲早有名誉必须如此，未尝有不行如此而早得有声誉者也。

敦 化

题 解

本章有三个层次。首先从人类历史看孔子。尧、舜和文王、武王都是儒家推崇的榜样。尧、舜仁慈孝友，不以天下为己私，贤者当之；文王、武王除暴安民，以德治天下，天下颂之。他们都有高尚的道德，都是孔子学习的对象，孔子不少思想原则是从他们那里继承而来的。"祖述尧、舜，宪章文、武"这两句话，成了道统论的雏形，屡被后儒所称道。

其次，从自然界来看孔子。自然界最广大的东西莫如天地日月，孔子与天地比肩，与日月同辉，《礼记正义》曰：子思申明夫子之德，与天地相似堪以配天地而育万物。

最后，用"万物并育而不相害，道并行而不相悖"来比喻虬子的博大宽容，用"小德川流，大德软化"来形容万物的多样性与统一性。万物活活脱脱地生长，天地无声无息地化育，这就如同圣人的道德作用。

这里是把孔子描绘成中庸之道的典范，从《中庸》本身的结构来看，这也是从理论到实际的过渡了。

原 文

仲尼祖述尧、舜，宪章文、武[①]，上律天时，下袭水土[②]。辟如大地之无不持载，无不覆帱[③]，辟如四时之错行，如日月之代明[④]。万物并育而不相害，道并行而不相悖。小德川流。大德敦化[⑤]，此天地之所以为大也！

注 解

①祖述：效法、遵循前人的行为或学说。宪章：遵从，效法。

②上律天时：上达天命变化的玄机。律：认识。天时：自然变化的时序。天命，时机。下袭水土：下知地理风水变化的神妙。袭：因袭，相合，适应。水土：地理山川，风水变化。

③辟：同"譬"。持载：支持承载。覆帱：覆盖。

④错行：交错运行，流动不息。代明：交替光明，循环变化。

⑤敦化：敦厚纯朴，潜移默化。

孔子远宗尧、舜之道，近以文王、武王为典范，上遵循天时，下符合地理。就如同天地那样没有什么不承载，没有什么不覆盖；又好像四季的交错运行，日月的交替光明。万物共同生长而互不伤害，道路同时并行而互不冲突。小的德行如河水一样长流不息，大的德行使万物敦厚纯朴，这就是天地所以伟大的原因啊！

名家评点

郑玄说：此以《春秋》之义说孔子之德。孔子曰："吾志在《春秋》，行在《孝经》。"二经固足以明之，孔子所述尧、舜之道而制《春秋》，而断以文王、武王之法度。《春秋传》曰："君子曷为为《春秋》？拨乱世，反诸正，莫近诸《春秋》。其诸君子乐道尧舜之道与？未不亦乐乎？尧舜之知君子也。"又说："是子也，继文王之体，守文王之法度。文王之法无求而求，故讥之也。"又说："王者孰谓，谓文王也。"此孔子兼包尧、舜、文、武之盛德而着之《春秋》，以俟后圣者也。又说：圣人制作，其德配天地，如此唯五始可以当焉。"小德川流"，浸润萌芽，喻諸侯也。"大德敦化"，厚生万物，喻天子也。

孔颖达说：仲尼祖述始行尧、舜之道也。夫子发明文、武之德。夫子上则述行天时，以与言阴阳时候也。下则因袭诸侯之事，水土所在。此言子思赞扬圣祖之德，以仲尼修《春秋》而有此等之事也。又说：孔子所作《春秋》，

若以诸侯"小德"言之，如川水之流，浸润萌芽。若以天子"大德"言之，则仁爱敦厚，化生万物也。夫子之德比并天地，所以为大不可测也。

《礼记正义》说：《孝经纬》文，言褒贬诸侯善恶，志在于《春秋》，人伦尊卑之行在于《孝经》。《春秋》、《孝经》足以显明先祖述宪章之事。又说：孔子之德与天地日月相似，与天子、诸侯德化无异。

朱子说：祖述者，远宗其道。宪章者，近守其法。律天时者，法其自然之运。袭水土者，因其一定之理。皆兼内外该本末而言也。又说：天覆地载，万物并育于其间而不相害；四时日月，错行代明而不相悖。所以不害不悖者，小德之川流；所以并育并行者，大德之敦化。小德者，全体之分；大德者，万殊之本。川流者，如川之流，脉络分明而往不息也。敦化者，敦厚其化，根本盛大而出无穷也。此言天地之道，以见上文取辟之意也。

至 圣

　　本章讲"至圣"。首先讲圣人的内涵，有以下五项："聪明睿智"、"宽裕温柔"、"发强刚毅"、"齐庄中正"、"文理密察"，都是说圣人的内在品德。根据前文，圣人是生知安行的，所以"聪明睿智"是讲圣人是生而知之的，即所谓"生知之质"。"宽裕温柔"是仁，"发强刚毅"是义，"齐庄中正"是礼，"文理密察"是智，圣人具备仁义礼智四德。

　　然后，用源头的奔腾流淌，用天的浩瀚无垠，来比拟圣人的智慧，并极力形容其影响，从种群，到地域，人们都会尊敬他，信任他，亲近他。如朱熹所说"盖极言之"，"言其德之所及，广大如天也"。

　　所谓"至圣"，德行修养致达极致，就如日月照耀一般，在日月照耀的地方，必有德泽化育万物。

原 文

　　唯天下至圣①，为能聪明睿知，足以有临也②；宽裕温柔，足以有容也③；发强刚毅，足以有执也④；齐庄中正⑤，足以有敬也；文理密察⑥，足以有别也。溥博渊泉，而时出之⑦。溥博如天，渊泉如渊。见而民莫不敬⑧，言而民莫不信，行而民莫不说⑨。是以声名洋溢乎中国，施及蛮貊⑩。舟车所至，人力所通，天之所覆，地之所载，日月所照，霜露所队⑪，凡有血气者，莫不尊亲，故曰配天⑫。

注 解

①至圣：最高的圣人。

②聪明睿知：耳听敏锐叫聪，目视犀利叫明，思维敏捷叫睿，知识广博叫智。知，同"智"。朱熹认为是讲"生知之质"。临：居上而临下。

③宽裕温柔：广大宽舒，温和柔顺。这里是形容仁。容：包容。

④发强刚毅：奋发强劲，刚健坚毅。这里是形容义。执：决断，固守。

⑤齐庄中正：整齐庄重，公平正直。这里是形容礼。

⑥文理密察：文章条理，周详明辨。这里是形容智。

⑦溥：周遍。时出：随时发见于外。朱熹说："言五者之德，充积于中，而以时发见于外也。"

⑧见：同"现"，出现。

⑨说：同"悦"。

⑩施及蛮貊：远播到边远的少数民族地区。施及：蔓延，传到。蛮貊：古代借指边远落后的少数民族。南方称蛮，北方称貊。

⑪队：同"坠"。

⑫尊亲：尊敬亲爱。配天：与天相匹配。朱熹说："言其德

之所及，广大如天也。"

译文

唯有天下最圣明的人，才能达到既聪明又睿智，能居于上位而治理天下；广大宽舒，温和柔顺，足以包容天下；奋发强劲，刚健坚毅，足以决断大事；整齐庄重，公平正直，足以敬业；文章条理，周详明辨，足以分辨是非。圣人道德广博深沉，随时表现于外。广阔得如同天空，深沉得如同潭水。他出现在民众面前，人们没有不敬重的；他说的话，人们没有不相信的；他的行为，人们没有不喜欢的。因此他的名声洋溢中原之地，传播到南蛮北貊等边远地区。凡是车船能到的地方，人力能通的地方，天所覆盖的地方，地所承载的地方，日月所照临的地方，霜露所降落的地方，凡是有血气的人，没有不尊敬他亲爱他的，所以说，圣人的美德可以与天相配。

名家评点

郑玄说：德不如此，不可以君天下也。盖伤孔子有其德而无其命。又说：其临下普遍，思虑深重，非得其时不出政教。又说：如天取其运照不已也，如渊取其清深不测也。

孔颖达说：申明夫子之德聪明宽裕，足以容养天下，伤其有圣德而无位也。夫子宽弘性善，温克和柔，足以包容也。孔子发起志意，坚强刚毅，足以断决事物也。又说：以其浸润之泽，如似渊泉溥大也。既思虑深重，非得其时不出政教，必以侯时而出。又说：似天"无不覆帱"。润泽深厚，如川水之流。又说：申明夫子蕴蓄圣德，俟时而出，日月所照之处，无不尊仰。

朱子说：聪明睿知，生知之质。临，谓居上而临下也。其下四者，乃仁义礼知之德。文，文章也。理，条理也。密，详细也。察，明辩也。又说：溥博，周遍而广阔也。渊泉，静深而有本也。出，发见也。言五者之德，充积于中，而以时发见于外也。又说：言其充积极其盛，而发见当其可也。又说：舟车所至以下，盖极言之。配天，言其德之所及，广大如天也。

至 诚

题 解

本章虽然是讲"至诚"。至圣必须是至诚的。"大经"，指五伦——五种人际关系；"大本"，指性之全体，如仁等。这二者都需要高度的诚实，只有圣人才能做到。"大经"理顺了，"大本"立起来了，"大本"的核心——仁，也十分笃实，像渊水一样深静，像浩天一样广博，这样崇高的道德自然会独自挺立，无须依托任何东西。这是只有已达到和天同德的圣人才能了解的道理。

只有至诚的心灵，才具备经纬天下的资格，否则，只是为了自己的私利。朱子说："大德之敦化，亦天道也。然至诚之道，非至圣不能知；至圣之德，非至诚不能为，则亦非二物矣。圣人天道之极致，至此而无以加矣。"全篇极力形容"至圣"和"道"的同一。

原文

唯天下至诚①，为能经纶天下之大经，立天下之大本②，知天地之化育。夫焉有所倚③？肫肫其仁④！渊渊其渊⑤！浩浩其天⑥！苟不固聪明圣知达天德者⑦，其孰能知之？

注解

①至诚：最诚。

②经纶：本意为整理丝缕，引申为治理。大经：常道，如五伦。大本：根本的德行，如仁义礼智等。

③倚：依傍。

④肫肫：与"忳忳"同。诚挚的样子。

⑤渊渊其渊：圣人的思虑如潭水一般幽深。渊渊，形容水深。《庄子·知北游》："渊渊乎其若海。"

⑥浩浩：浩浩其天：圣人的美德如苍天一般广阔。浩浩：广大，旷远。《尚书尧典》："汤汤洪水方割，荡荡怀山襄陵，浩

浩滔天。"《诗经·小雅·雨无正》："浩浩昊天。"

⑦固：实在。达天德者：通晓天赋美德的人。

译文

唯有天下最诚的人，才能掌握治理天下的大纲，树立天下的根本道德，知晓天地化育万物的道理。除了至诚还有什么可依靠的呢？至诚的人，他的仁德是那样的诚恳！他的思想像潭水一样深沉，他化育万物的胸襟像蓝天一样广阔！假如不是确实具有聪明睿智通达天德的人，又有谁能够知道这个道理呢？

名家评点

郑玄说："至诚"，性至诚，谓孔子也。"大经"，谓六艺，而指《春秋》也。"大本"，《孝经》也。又说：安无所倚，言无所偏倚也。故人人自以被德尤厚，似偏颇者。又说：唯圣人乃能知圣人也。《春秋传》曰"末不亦乐乎，尧舜之知君子"，明凡人不知。

孔颖达说：夫子无所偏倚，而仁德自然盛大也。夫子之德，普被于人，何有独倚近于一人，言不特有偏颇也。又说：能肫肫然恳诚行此仁厚尔。夫子之德，渊渊然若水之深也。夫子之德，浩浩盛大，其若如天也。

朱子说：经，纶，皆治丝之事。经者，理其绪而分之；纶者，比其类而合之也。经，常也。大经者，五品之人伦。大本者，所性之全体也。唯圣人之德极诚无妄，故于人伦各尽其当然之实，而皆可以为天下后世法，所谓经纶之也。其于所性之

中庸

143

全体。无一毫人欲之伪以杂之，而天下之道千变万化皆由此出，所谓立之也。其于天地之化育，则亦其极诚无妄者有默契焉，非但闻见之知而已。此皆至诚无妄，自然之功用，夫岂有所倚着于物而后能哉。又说：其渊其天，则非特如之而已。

《礼记正义》曰：此《大雅·抑》之篇，刺厉王之诗。言诗人诲尔厉王忳忳然恳诚不已，厉王听我藐藐然而不入也。

尚　纲

题　解

本章由前面圣人之道的高远广博回归于君子之道，使人联想前面的"君子之道，辟如行远必自迩，辟如登高必自卑"为学者开出一条入德之路。

首先君子和小人划清界限，君子之道，开始并不辉煌，但在积累中日见光辉。小人则不同，开始很张扬，但华而不实，会渐渐消亡。君子外表平淡、简朴、温和，内则有品位、文采、条理。君子以其至诚顺应天时，以其至性借助地利，以其至德惠泽人民。君子由于有丰富的内涵，由内向外，由近及远，由微细到彰显，其影响力是无穷的。但君子必须加强自己的修养，任何时，任何地，都无愧于心，都要慎独。

君子上体天德，下知地理，感应鬼神，中和民心。不苟不求，无声无息，如日月之普照。具有高尚道德的君子，不用赏赐，不用刑法暴力，民众自然会努力。道德治国，牢牢守着德行，蔡恭敬敬地做事，天下也就太平了。德治如春风化雨，润物无声。可以说，有至德的君子，已经接近圣人了。

原　文

《诗》曰①："衣锦尚絅②。"恶其文之著也③。故君子之道，暗然而日章④；小人之道，的然而日亡⑤。君子之道，淡而不厌⑥，简而文，温而理⑦，知远之近，知风之自⑧，知微之显，可与入德矣⑨。

注　解

①《诗》曰：此诗引自《诗经·卫风·硕人》。

②衣：穿衣。此处作动词用。锦：指色彩鲜艳的衣服。尚：加。絅：同"裘"，用麻布制的罩衣，即风衣。

③恶：嫌恶，厌恶。著：鲜明，耀眼。

④暗然：隐藏不露。日章：日渐彰显。章，同"彰"。

⑤的然：鲜明、显著的样子。

⑥淡而不厌：不媚悦于人，初似淡薄，久而愈教，无恶可厌。

⑦简而文：性情简静无嗜欲，才艺明辨有韬略。文：经天纬地之文。温而理：气性和润温厚正直不违。

⑧知远之近：欲知远，必先适于近。想要到达远方，必先从近处举步。知风之自：见风知源"睹末察本"。见风之起则知其所从来处。教化别人必先从自己做起。风：教化。《尚书·毕命》："树之风声。"立其善风，扬其善声。自：从。

⑨知微之显：察微知著，"探端知绪"。从微小之事所露端倪而察知未来事件的征兆。明治乱亦即萌。入德：进入道德之门。

译文

《诗经·卫风·硕人》说："身穿锦绣衣服，外面再穿一件麻布罩衫。"这是厌恶锦衣的花纹过分耀眼。所以，君子之道表面暗淡而日益彰明；小人之道外表鲜明而日益消亡。君子之道，平淡而让人不厌，简略而有文采，温和而有条理，知道远是由近处开始的，知道风是从何处吹来的，知道隐微可以变得明显，这样，就可以进入有道德的境了。

名家评点

郑玄说：君子深远难知，小人浅近易知。人所以不知孔子，以其深远。禅为絅。锦衣之美而君子以絅表之，为其文章露见，似小人也。又说：淡其味似薄也，简而文，温而理，犹简而辨，直而温也。

孔颖达说：以前经论夫子之德难知，故此经因明君子、小人隐显不同之事。欲明君子谦退，恶其文之彰着，故引《诗》以结之。

朱子说：前章言圣人之德，极其盛矣。此复自下学立心之始言之，而下文又推之以至其极也。古之学者为己，故其立心如此。尚絅故闇然，衣锦故有日章之实。淡、简、温，絅之袭于外也；不厌而文且理焉，锦之美在中也。小人反是，则暴于外而无实以继之，是以的然而日亡也。远之近，见于彼者由于此也。风之自，着乎外者本乎内也。微之显，有诸内者形诸外也。有为己之心，而又知此三者，则知所谨而可入德矣。故下文引诗言谨独之事。

原文

《诗》云①："潜虽伏矣，亦孔之昭②！"故君子内省不疚，无恶于志③。君子之所不可及者，其唯人之所不见乎？

注解

①《诗》云：此诗引自《诗经·小雅·正月》。此诗讽刺周幽王。

②因为幽王无道，比喻贤人君子隐居不出，但是他们的德操与人格却昭著于世，以至于不能免去祸害。犹如鱼伏于水仍然显露得清清楚楚，被人采捕。潜：潜藏。伏：隐匿。孔：

很。昭：明白。

③内省不疚：内心经常反省，没有什么愧疚。无恶于志：无愧于心。志，心。

 译 文

《诗经·小雅·正月》说："君子虽然潜藏隐匿很深，但是其德辉仍然会流露昭示出来。"所以君子自我反省没有内疚，也就无愧于心了。君子的德行之所以高于一般人，大概就是在这些别人看不见的地方吧？

名家评点

郑玄说：圣人虽隐遁，其德亦甚明矣。君子自省，身无愆病，虽不遇世，亦无损害于己志。

孔颖达说：君子其身虽隐，其德昭著。贤人君子身虽藏隐，犹如鱼伏于水，其道德亦甚彰矣。君子虽不遇世，内自省身，不有愆病，则亦不损害于己志。言守志弥坚固也。

朱子说：无恶于志。犹言无愧于心，此君子谨独之事也。

原 文

《诗》云①："相在尔室，尚不愧于屋漏②。"故君子不动而敬，不言而信。

注 解

①《诗》云：此诗引自《诗经·大雅·抑》。讽刺周厉王

148

之诗。

②指小人不敬鬼神，在庙堂之中，犹尚不愧畏于屋漏之神。相：注视。屋漏：指古代室内西北角。相传是神明所在，所以这里是以屋漏代指神明。不愧于屋漏：喻指心地光明，不在暗中做坏事或起坏念头。

译文

《诗经·大雅·抑》说："独自静处自己的私室，仍然固守心地光明，无愧于神明。"所以，君子在未行动之前就怀有恭敬之心，在没说话之前就先有诚信之心。

名家评点

郑玄说：君子虽隐居，不失其君子之容德也。视女在室独居者，犹不愧于屋漏。屋漏非有人也，况有人乎？

孔颖达说：君子之人在室之中"屋漏"，虽无人之处不敢为非，犹愧惧于屋漏之神，况有人之处君子愧惧可知也。言君子虽独居，常能恭敬。

朱子说：承上文又言君子之戒谨恐惧，无时不然，不待言动而后敬信，则其为己之功益加密矣。故下文引诗并言其效。

原文

《诗》曰①："奏假无言，时靡有争②。"是故君子不赏而民劝，不怒而民威于鈇钺③。

注 解

①《诗》曰:此诗引自《诗经·商颂·烈祖》。是赞美成汤的诗。

②指默默向神明祷告,性平心和,没有争端。奏假,祈祷。奏:进奉。假:通"格",即感通,指诚心能与鬼神或外物互相感应。靡:没有。

③不赏而民劝:不需要特意做出奖赏就能使百姓受到感化。鈇钺:古代执行军法时用的斧子。鈇:斧。钺:古代的一种形状像板斧式的长柄兵器。

译 文

《诗经·商颂·烈祖》说:"祭祀时心中默默祈祷,此时肃穆无言没有争执。"所以,君子不用赏赐而百姓也会互相劝勉,不用发怒而百姓畏惧甚于斧钺的刑罚。

名家评点

郑玄说:奏大乐于宗庙之中,人皆肃敬。金声玉色,无有言者,以时太平,和合无所争也。

孔颖达说:祭成汤之时,奏此大乐于宗庙之中,人皆肃敬,无有喧哗之言。所以然者,时既太平,无有争讼之事,故"无言"也。引证君子不言而民信。

朱子说:承上文而遂及其效,言进而感格于神明之际,极其诚敬,无有言说而人自化之也。

原 文

《诗》曰[1]："不显唯德，百辟其刑之[2]。"是故君子笃恭而天下平。

注 解

①《诗》曰：此诗引自《诗经·周颂·烈文》。

②不显：即大显。不，通"丕"，大。百辟：很多诸侯。刑：通"型"，仿效。

译 文

《诗经·周颂·烈文》说："大大弘扬天子的德行，诸侯们都会来效法。"所以，君子笃实恭敬就能使天下太平。

名家评点

郑玄说：不显乎文王之德，百君尽刑之，诸侯法之也。

孔颖达说：以道德显着，故天下百辟诸侯皆刑法之。引之者，证君子之德犹若文王，其德显明在外，明众人皆刑法之。

朱子说：不显，此借引以为幽深玄远之意。承上文言天子有不显之德，而诸侯法之，则其德愈深而效愈远矣。笃恭而天下平，乃圣人至德渊微，自然之应，中庸之极功也。

原 文

《诗》云[1]："予怀明德，不大声以色[2]。"子曰："声色之于以化民，末也。"

注解

①《诗》云：此诗引自《诗经·大雅·皇矣》。赞美周先祖开国创业之诗。

②怀：归向，趋向。明德：具有美德的人。以：与。色：严厉的脸色。

译文

《诗经·大雅·皇矣》说："我怀念文王的美德，他从不厉声厉色。"孔子说："用厉声厉色去教育老百姓，那是末节下策。"

名家评点

郑玄说：我归有明德者，以其不大声为严厉之色以威我也。

孔颖达说：天谓文王曰，我归就尔之明德，所以归之者，以文王不大作音声以为严厉之色，故归之。记者引之，证君子亦不作大音声以为严厉之色，与文王同也。

朱子说：引之以明上文所谓不显之德者，正以其不大声与色也。又引孔子之言，以为声色乃化民之末务，今但言不大之而已，则犹有声色者存，是未足以形容不显之妙。

原 文

《诗》曰[1]:"德輶如毛[2]。"毛犹有伦[3]。"上天之载,无声无臭[4]。"至矣!

注 解

①《诗》曰:此诗引自《诗经·大雅·烝民》。赞美宣王之诗。

②輶:古代一种轻便车,引中为轻。

③毛犹有伦:羽毛虽轻,仍然是有相应的重量。伦:比。

④上天之载,无声无臭:引自《诗经·大雅·文王》。周公追述文王之德。上天化育万物,无声无息,不动声色,不着痕迹。臭,气味。

译 文

《诗经·大雅·烝民》说:"德行犹如鸿毛。"犹如鸿毛还是有行迹可比。《诗经·大雅·文王》又说:"上天化生万物,既没有声音也没有气味。"这才是最高的境界啊!

名家评点

郑玄说:化民常以德,德之易举而用,其轻如毛耳。毛虽轻,尚有所比;有所比,则有重。上天之造生万物,人无闻其声音,亦无知其臭气者。化民之德,清明如神,渊渊浩浩然后善。

孔颖达说：用德化民，举行甚易，其轻如毛也。天之生物无音声无臭气，寂然无象而物自生。言圣人用德化民，亦无音声，亦无臭气而人自化。是圣人之德至极，与天地同。

《礼记正义》曰：子思既说君子之德不大声以色，引夫子旧语声色之事以接之，言化民之法当以德为本，不用声色以化民也。若用声色化民，是其末事，故云"化民末也"。

朱子说：不若烝民之诗所言"德輶如毛"，则庶乎可以形容矣，而又自以为谓之毛，则犹有可比者，是亦未尽其妙。不若文王之诗所言"上天之事，无声无臭"，然后乃为不显之至耳。盖声臭有气无形，在物最为微妙，而犹曰无之，故唯此可以形容不显笃恭之妙。非此德之外，又别有是三等，然后为至也。